宁夏东周北方青铜器

杨建华　罗丰　周琪／著

上海古籍出版社

图书在版编目（CIP）数据

宁夏东周北方青铜器 / 杨建华，罗丰，周琪著．

上海 ：上海古籍出版社，2025. 6. -- ISBN 978-7-5732-
1583-3

Ⅰ. K876. 414

中国国家版本馆CIP数据核字第202579XD14号

吉林大学考古学科双一流建设和边疆考古研究中心出版经费资助

责任编辑：余念姿

封面设计：黄　琛

技术编辑：耿莹祎

宁夏东周北方青铜器

杨建华　罗　丰　周　琪　著

上海古籍出版社出版发行

（上海市闵行区号景路 159 弄 1-5 号 A 座 5F　邮政编码 201101）

（1）网址：www. guji. com. cn

（2）E-mail：guji1 @ guji. com. cn

（3）易文网网址：www. ewen. co

山东京沪印刷科技有限公司印刷

开本 787×1092　1/16　印张 27.5　插页 20　字数 477,000

2025 年 6 月第 1 版　2025 年 6 月第 1 次印刷

ISBN 978-7-5732-1583-3

K·3843　定价：198.00 元

如有质量问题，请与承印公司联系

前　言

　　中国北方的长城地带是农牧业混合区，是农业人群和牧业人群争夺的地方。早在新石器时代，这一地区受到南部中原文化的影响，出现了农业文化，但是随着公元前2千纪初气候的干冷化，生业逐渐转入农牧混合经济，到了公元前1千纪上半叶开始向游牧经济转化。在经济类型发生变化的同时，文化上也更加趋向草原游牧文化，出现了与欧亚草原相似的文化风格，即以短剑等武器、发达的车马器和丰富的动物纹装饰的三要素为代表。同时，骑马游牧使得中国北方长城地区的人群交往频繁，在文化上呈现出高度的一致性，我们把这种现象称作中国北方文化带的形成，它最终导致欧亚草原东部第一个国家——匈奴帝国的出现。

　　宁夏以固原和中宁中卫为代表的东周时期文化遗存，是中国北方长城文化带的一个重要组成部分，与东邻的内蒙古地区同时代文化有广泛交往；南边是秦文化，又与中原有密切联系。宁夏东周北方文化遗存中最具代表性的就是青铜器。这些青铜器主要可以分为兵器工具、车马器和服饰品三大类。它们既有自身特色，又与整个长城地带的青铜器有很多相似性。

　　从20世纪80年代初期开始，这一地区科学发掘了大批零星的墓葬和墓地，出土了大量青铜器（详见后面的考古文献）。目前已经有对这一地区的东周北方文化墓葬的分期研究，包括罗丰的《固原青铜文化初论》[1]，许成和李进增的《东周时期的戎狄青铜文化》[2]，以及杨建华的《春秋战国时期中国北方文化带的形成》[3]。另外还

---

① 罗丰：《固原青铜文化初论》，《考古》1990年第8期。
② 许成、李进增：《东周时期的戎狄青铜文化》，《考古学报》1993年第1期。
③ 杨建华：《春秋战国时期中国北方文化带的形成》，文物出版社，2004年。

出版了一些青铜器的图录，包括《固原历史文物》[1]和《固原文物精品图集》上册[2]。基于以上基础，我们已经具备了对这些青铜器进行分类分期的系统整理和研究的条件。

首先，本书将提供最全的相关方面资料。这里使用的青铜器全部是来自科学发掘和考古人员在现场清理和征集的，所以出土地点可靠。这在收藏之风盛行、需要对古物进行鉴别的今天是非常有意义的。本书以青铜器为主，也包括了同时期少量的金银器。书中包括这些青铜器的线图和照片，在以往发表的资料中，受限于当时的技术手段，有些线图不够清晰，大多数器物没有发表照片。这次宁夏文物考古研究所对部分器物图进行了重新清绘，并附以更加清晰的照片，为今后的深入研究提供了非常宝贵的资料。

其次，本书对这些青铜器进行整理后，提出一个全面系统的器类和型的划分。在对这些器类进行划分时，首先是根据形态对器物的名称进行认真分析，同时还参考器物的尺寸和出土的位置，例如对当卢和马面饰的辨析、锥和簪的确认。为了慎重起见，与发表时的称呼不同者，均在备注中予以注明。在同一器类中，根据对全部器物的比较分析，划分出不同的型与亚型。同一类器物中大多数器物都有差别，通过大量器物的比对，我们可以确定那些有意义的差别，并以此作为划分的标准。例如数量众多的铜泡饰，看起来每一个都有自己的特点，我们对所有此类出土物进行分析比较后，划分出了各种型和亚型。这些横向的划分既是对已有器物的分类总结，也为将来新出土的器物的划分提供了坚实的比照参考。

再次，本书对那些有分期意义的器物进行了式别的划分。式的划分既体现了器物的发展演变，也为断代提供了根据。我们是从已有的分期结果出发进行分析的。这些青铜器中不是所有的器物都能够分期并具有发展演变规律，当然也不是所有发展演变我们都能够识别出来。所以能够划分式的器类只占青铜器中的一部分，这些大多是非常重要的、出土数量比较多的器物。例如短剑分为双翼形剑格和三叉式剑格两个系统，它们的演变规律是不同的，所以我们分别分式。在双翼形剑格的剑中，根据剑首的差别分出了不同亚型，我们将这些亚型的短剑都统一分式，分为剑格两端上翘的Ⅰ式，近"一"字形的Ⅱ式和两端下垂的Ⅲ式，这种变化代表了这种

① 宁夏固原博物馆：《固原历史文物》，科学出版社，2004年。
② 宁夏固原博物馆：《固原文物精品图集》上册，宁夏人民出版社，2011年。

短剑的早晚演变规律和不同的时期，Ⅰ式出现于早期并延续到中期，Ⅱ式出现于中期并延续到晚期，Ⅲ式是晚期特有的。本书根据《春秋战国时期中国北方文化带的形成》一书中对宁夏东周的北方墓葬的分期确定青铜器年代。

最后，本书通过对器物出土位置的分析，对某些器物的功能进行了探讨，例如一些车马器和服饰品。这既为器物的命名提供了坚实的科学根据，也将在今后的科学发掘中得到进一步检验。

这本书与已经出版的《内蒙古东周北方青铜器》[①]是姊妹篇，是按照同一分期体系以及型式划分方法整理和分析的，如果对照起来可以发现很多有趣的问题。首先，这两本书都是按照《春秋战国时期中国北方文化带的形成》的分期结果进行更深入的研究，《春秋战国时期中国北方文化带的形成》是以典型单位对整个北方文化带进行宏观分期，而《内蒙古东周北方青铜器》和《宁夏东周北方青铜器》是在这已有分期基础上对每一类青铜器进行分期的，是一种更加微观的研究，犹如从分子水平进入原子水平。由于分期体系一致，便于进行两地比较，可以清楚地看出两地青铜器的差异和共性；可以从整个北方文化带的视野研究各种青铜器的发展演变，例如牌饰从内蒙古向宁夏发展的线索非常清晰，年代最早、器类最全的仍然是内蒙古的毛庆沟墓地，从1979年发掘毛庆沟到现在已经过去了45年，时间是最好的检验，它作为胡服骑射最早的发源地愈加凸显出来。这两本书为研究每一种青铜器的比较、发展演变和文化的交往奠定了基础。

西北地区的青铜文化遗存属于戎文化系统，相关考古发现不断增多，例如马家塬墓地和墩坪墓地。以固原为代表的宁夏青铜器这个标尺的建立，为戎文化系统内族群的甄别提供了坚实的基础。从体质人类学来看，西戎文化遗存可以分为北亚人种和古西北类型，这说明戎文化系统是一定时间和空间范围内文化遗存的泛称，需要以文化组合的标尺并兼顾人种的体质来进行族群的划分。

总之，本书的研究既是对以往出土青铜器的系统总结，力图建立一套详细而全面的，涵盖每一种器物的北方文化青铜器的分期体系，也是为将来的深入研究打下坚实的基础，而且为地方文物部门整理已经发现但是尚未发表的青铜器提供一个科学的指导；从更广的视角看，可以为中国北方东周文化带和欧亚草原之间的文化交

[①] 杨建华、赵欣欣：《内蒙古东周北方青铜器》，上海古籍出版社，2019年。

往提供系统科学的参考资料。

　　本书的体例与前言是由杨建华完成的，图录的收集和整理是当时在吉林大学边疆考古研究中心的在读硕士研究生、现在于美国耶鲁大学读博的周琪女士在导师杨建华的指导下完成的，补充的线图与照片是由时任宁夏考古研究所所长的罗丰所长提供的，罗丰所长对全书提出了宝贵的修改意见。图版的编排由出版社负责。本书的缘起受到吉林大学的吴振武教授的鼓励，并得到吉林大学种子基金的资助。

编　者

2023 年 12 月 13 日长春明珠小区

凡　　例

　　一、本书收录2015年底以前正式发表的青铜器，包括科学发掘、清理和征集的，这些器物都有准确的出土地点。

　　二、全书分为图录和研究上下两编。上编是客观介绍，下编是作者对这些器物分型式和分期以及功能等方面的研究。器物的编排分为兵器、工具、车马器和服饰品三大类。每一类器物按器名编号，图录中的序号以及型式和分期图中的序号都是一致的。在图录部分，我们尽可能收集全各种器物。如果同样形制的器物有多件，在型式与期段划分中，只选取一件代表性的器物，并以注释的形式收录相似器物的基本信息。如果有器形相似，但分期不同的器物，对后出现的器物用-2、-3的方式编号，在图录中以注释的形式收录，在分期图中展示其期段划分。这也体现了北方青铜器某一类形制的器物具有一定延续性的特点。

　　三、器物描述中有器物的具体出土地点和发表出处、器物尺寸、文字描述。少量器物是青铜以外的金属材质，在备注中注明。经过整理分析确定的器名如与发表时不同，在备注中注明了原来的器名。有的器物发表时没有介绍尺寸，作者是根据原文献器物图的比例尺计算的，也一并在备注中注明。

　　四、本书在器物图录部分首先整理出了"器物图录参考文献"共20篇。在后续的图录中，按照该参考文献表格中的序号标注了器物的发表出处，便于读者查找。

目　　录

上编　器物图录

下编 器物研究

上 编

器 物 图 录

器物图录参考文献

　　宁夏地区出土的青铜器根据用途，基本可以分为三大类：兵器工具、车马器和服饰品。这些器物大都是发掘和清理出土的，少量是从当地征集的，而且都是正式发表的。下面是发表这些是器物的论著，本书器物出处就是指以下文献，便于读者查找。

编号	文　　　　献
〔1〕	钟侃：《宁夏固原县出土文物》，《文物》1978年第12期。
〔2〕	罗丰：《宁夏固原县石喇村发现一座战国墓》，《考古学集刊（3）》，文物出版社，1983年。
〔3〕	钟侃、韩孔乐：《宁夏南部春秋战国时期的青铜文化》，《中国考古学会第四次年会论文集》，文物出版社，1983年。
〔4〕	宁夏回族自治区博物馆考古队：《宁夏中宁县青铜短剑墓清理简报》，《考古》1987年第9期。
〔5〕	周兴华：《宁夏中卫县狼窝子坑的青铜短剑墓群》，《考古》1989年第11期。
〔6〕	隆德县文管所、王全甲：《隆德县出土的匈奴文物》，《考古与文物》1990年第2期。
〔7〕	罗丰、韩孔乐：《宁夏固原近年发现的北方系青铜器》，《考古》1990年第5期。
〔8〕	宁夏文物考古研究所：《宁夏固原于家庄墓地发掘简报》，《华夏考古》1991年第3期。
〔9〕	固原博物馆：《宁夏固原吕坪村发现一座东周墓》，《考古》1992年第5期。
〔10〕	延世忠、李怀仁：《宁夏西吉发现一座青铜时代墓葬》，《考古》1992年第6期。
〔11〕	宁夏文物考古研究所、固原博物馆：《宁夏固原杨郎青铜文化墓地》，《考古学报》1993年第1期。
〔12〕	罗丰：《以陇山为中心甘宁地区春秋战国时期北方青铜文化研究》，《内蒙古文物考古》1993年第1、2期。
〔13〕	罗丰、延世忠：《1988年固原出土的北方系青铜器》，《考古与文物》1993年第4期。

编号	文　　　献
［14］	延世忠:《宁夏固原出土战国青铜器》,《文物》1994年第9期。
［15］	宁夏文物考古所、西吉县文管所:《西吉县陈阳川墓地发掘简报》,《宁夏考古文集》,宁夏人民出版社,1994年。
［16］	宁夏文物考古研究所:《宁夏彭堡于家庄墓地》,《考古学报》1995年第1期。
［17］	杨宁国、祁悦章:《宁夏彭阳县近年出土的北方系青铜器》,《考古》1999年第12期。
［18］	宁夏回族自治区文物考古研究所、彭阳县文物站:《宁夏彭阳县张街村春秋战国墓地》,《考古》2002年第8期。
［19］	宁夏固原博物馆:《固原文物精品图集》上册,宁夏人民出版社,2011年。
［20］	宁夏文物考古研究所、彭阳县文物管理所:《王大户与九龙山——北方青铜文化墓地》,文物出版社,2016年。

兵器工具类

一、短剑

1

【出土地点】 中宁县倪丁村M1：3

【尺　　寸】 残长18.3厘米

【形制描述】 剑首为写实双鸟回首；剑格为
　　　　　　双翼状，两端略微上翘；剑格
　　　　　　下的剑身两侧内凹。

【发表出处】 ［4］图三，1；图版壹，5

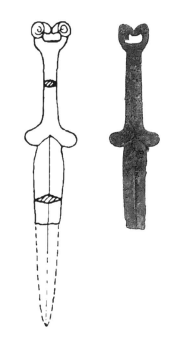

2

【出土地点】 固原县彭堡乡于家庄

【尺　　寸】 残长11.4厘米

【形制描述】 剑首为写实双鸟回首；剑格为
　　　　　　双翼状，两端略微上翘；剑格
　　　　　　下的剑身两侧内凹。

【发表出处】 ［14］图一

3

【出土地点】　固原县彭堡乡撒门村 M3

【尺　　寸】　通长 28.6 厘米

【形制描述】　剑首为双鸟回首；剑柄有纹
　　　　　　　饰；剑格为双翼状。

【发表出处】　［7］图一，1

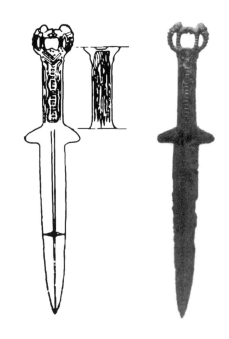

4

【出土地点】　固原县彭堡乡撒门村墓地

【尺　　寸】　通长 28.2 厘米

【形制描述】　剑首为双鸟回首；剑柄有纹
　　　　　　　饰；剑格为双翼状。

【发表出处】　［19］第 140 页

5

【出土地点】 彭阳县交岔乡苋麻村 XM ： 01

【尺　寸】 通长25.3厘米

【形制描述】 剑首为双鸟回首；剑柄有纹
饰；剑格为双翼状，两端圆钝。

【发表出处】 ［17］图四，14

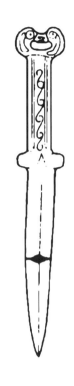

6

【出土地点】 固原县彭堡乡撒门村

【尺　寸】 通长25.3厘米

【形制描述】 剑首为两兽首相对呈环状，剑
柄中间镂空，两侧有锯齿纹。
剑格略呈一字形。

【发表出处】 ［19］第139页

7

【出土地点】　彭堡于家庄墓地NM2

【尺　　寸】　通长15.4厘米

【形制描述】　剑首为两个相连的半圆形；剑
格略呈一字形。

【发表出处】　［19］第145页，左侧

8

【出土地点】　彭堡于家庄墓地NM2

【尺　　寸】　通长15.4厘米

【形制描述】　剑首为两个相连的半圆形；剑
格略呈一字形。

【发表出处】　［19］第145页，右侧

9

【出土地点】 中卫县狼窝子坑村M5 : 3

【尺　　寸】 通长25厘米

【形制描述】 双鸟触角式首，剑首似双环
　　　　　　形；剑格为双翼状，两端
　　　　　　上翘。

【发表出处】 ［5］图四，4

10

【出土地点】 固原县杨郎乡马庄墓地
　　　　　　Ⅰ M4 : 11

【尺　　寸】 通长25.2厘米

【形制描述】 剑首为两兽头相对，两耳耸
　　　　　　立；剑柄中凹槽饰方点纹；剑
　　　　　　格呈翼状，两端略下垂。

【发表出处】 ［11］图一六，1

11

【出土地点】 彭阳县沟口乡

【尺　　寸】 通长22.8厘米

【形制描述】 剑首为两个头像相反向外突出
的兽头，剑首中心有一圆孔；
剑柄有长方形镂孔；剑格为双
翼形，两端下垂。

【发表出处】 ［19］第138页

12

【出土地点】 彭阳县王大户墓地PWM2：
13

【尺　　寸】 通长14.8厘米

【形制描述】 剑首为近长方形；剑格为近长
方形。

【发表出处】 ［20］第65页，图2-32：13

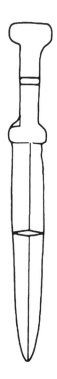

13

【出土地点】 彭阳县王大户墓地PWM3 ： 4

【尺　　寸】 展开后通长15厘米

【形制描述】 剑首为近长方形；剑格为近长
　　　　　　方形；剑身弯折。

【发表出处】 ［20］第82页，图2-41；彩版
　　　　　　2-54 ： 1

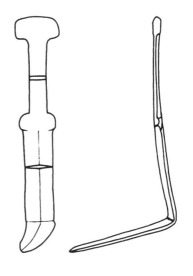

14

【出土地点】 彭阳县王大户墓地PWM5 ： 2

【尺　　寸】 通长20.4厘米

【形制描述】 剑首平直；剑格为双翼两端下
　　　　　　垂。

【发表出处】 ［20］第180页，图2-91 ： 2，
　　　　　　彩版2-101 ： 1

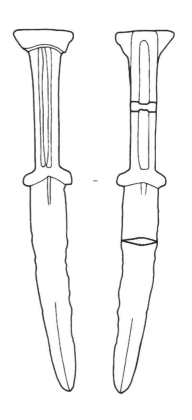

兵器工具类

15

【出土地点】 固原县彭堡乡撒门村

【尺　寸】 通长21.4厘米

【形制描述】 剑首为两个背向联结的兽头；
剑柄镂空；剑格亦为两背向联
结的兽头。

【发表出处】 ［13］图二，6；图三，8

16

【出土地点】 固原县河川阳洼墓地

【尺　寸】 通长26厘米

【形制描述】 剑首为两个相对的马头；剑柄
两侧有连续的三角形凹齿；剑
格为方向相反的两个兽头。

【发表出处】 ［3］图一，1；图版玖，1

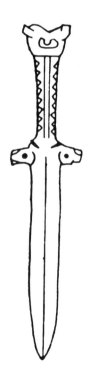

17

【出土地点】	固原县征集
【尺　寸】	通长29.6厘米
【形制描述】	剑首为两个头像相对的兽头；剑柄饰数行方点纹；剑格为两个方向相反的突出的兽头。
【发表出处】	［3］图四，1

18

【出土地点】	固原县杨郎乡马庄
【尺　寸】	通长28.5厘米
【形制描述】	剑首为双鸟回首；剑格为两个背向兽头；剑身断为两截。
【发表出处】	［19］第141页

19

【出土地点】 彭阳县王大户墓地PWM1：
38

【尺　　寸】 通长24.7厘米

【形制描述】 剑首为双鸟回首；剑格为简化
的两个背向兽头。

【发表出处】 ［20］第39页，图2-13，彩版
2-18：4

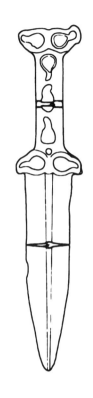

20

【出土地点】 中宁县倪丁村M2：11

【尺　　寸】 通长28.4厘米

【形制描述】 剑首为单环状；剑格为双翼
状，两端略微上翘；剑格下剑
身两侧有不明显内凹。

【发表出处】 ［4］图三，2；图版壹，3

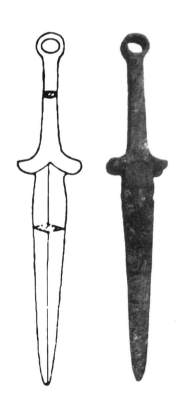

21

【出土地点】 中宁县倪丁村M2：16

【尺　　寸】 通长27.4厘米

【形制描述】 剑首为不规则单环状；剑格为
　　　　　　双翼状，两端略微上翘。

【发表出处】 ［4］图三，3；图版壹，4

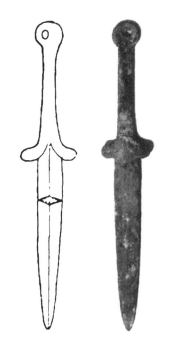

22

【出土地点】 中宁县倪丁村M2：15

【尺　　寸】 通长30.03厘米

【形制描述】 剑首为单环状；剑格为双翼
　　　　　　状。

【发表出处】 ［4］图版壹，2

23

【出土地点】 彭阳县刘塬乡刘塬村

【尺　　寸】 通长27厘米

【形制描述】 剑首为单环状；剑格为双翼
状，两端略微上翘；剑格下剑
身两侧有不明显内凹。

【发表出处】 ［19］第145页

24

【出土地点】 固原彭堡县撒门村墓地

【尺　　寸】 通长27.5厘米

【形制描述】 剑首为单环状；剑格呈双翼
状。

【发表出处】 ［19］第141页

25

【出土地点】　固原彭堡县撒门村

【尺　　寸】　通长27.5厘米

【形制描述】　剑首为单环状；剑格略呈双翼
　　　　　　　状。

【发表出处】　［19］第137页

26

【出土地点】　中卫县狼窝子坑M5：2

【尺　　寸】　通长29.6厘米

【形制描述】　剑首为单环状；剑格为双翼
　　　　　　　状。

【发表出处】　［5］图四，3

27

【出土地点】 中卫县狼窝子坑M5：1

【尺　　寸】 通长20厘米

【形制描述】 剑首为单环状；剑格为双翼
状。

【发表出处】 ［5］图四，5

28

【出土地点】 彭阳县刘塬乡米塬村

【尺　　寸】 通长27.6厘米

【形制描述】 剑首为单环状；剑格为双翼
状。

【发表出处】 ［17］图三，8；图版肆，5

29

【出土地点】 彭阳县刘塬乡米塬村

【尺　　寸】 通长17.1厘米

【形制描述】 剑首为单环状；剑格略呈双翼
状。

【发表出处】 ［17］图三，14

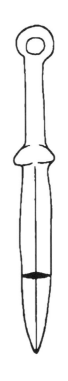

30

【出土地点】 彭阳县川口乡郑庄村

【尺　　寸】 通长19.5厘米

【形制描述】 剑首为单环状；剑格略呈双翼
状。

【发表出处】 ［7］图一，2；图版肆，1

【备　　注】 前锋略折损。

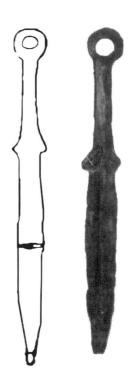

31

【出土地点】 固原县杨郎乡马庄墓地Ⅱ M18：
10

【尺　　寸】 通长18.8厘米

【形制描述】 剑首为单环状；剑格略呈一字
形。

【发表出处】 ［11］图一六，3；图版壹，3

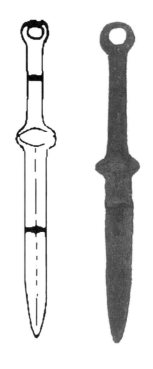

32

【出土地点】 彭阳县川口乡郑庄村

【尺　　寸】 通长17.7厘米

【形制描述】 剑首为椭圆环形；柄部有长条
形镂空；剑格略呈一字形。

【发表出处】 ［7］图一，5；图版肆，2

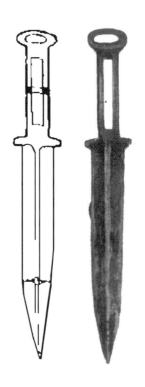

33

【出土地点】 彭阳县王大户墓地 PWM6 ： 7

【尺　　寸】 通长 21.7 厘米

【形制描述】 剑首为单环状；剑柄中间镂空；
剑格近双翼形，两端略下垂。

【发表出处】 ［20］第 199 页，图 2-99；彩
版 2-114-4

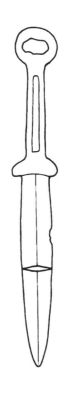

34

【出土地点】 固原县杨郎乡马庄墓地采
集：45

【尺　　寸】 通长 20.2 厘米

【形制描述】 剑首为椭圆形单环；剑柄中间
镂空；剑格近双翼形，两端下
垂。

【发表出处】 ［11］图一六，2；图版壹，4

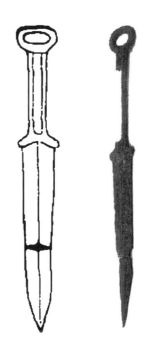

兵器工具类

35

【出土地点】 彭阳县川口郑庄村

【尺　　寸】 通长11.5厘米

【形制描述】 剑首为椭圆形单环；剑柄为中间镂空；剑格近双翼形两端下垂。

【发表出处】 ［11］图一六，3；图版壹，3

36

【出土地点】 彭阳县张街村墓地M2：20

【尺　　寸】 通长25.4厘米

【形制描述】 剑首为单环状；剑柄中间镂空；剑格为双翼形，两端下垂，出土时带有木质残剑鞘。

【发表出处】 ［18］图七，9

【备　　注】 位于人骨左胯部。

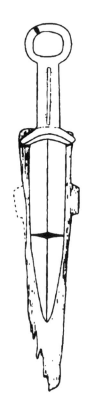

37

【出土地点】 1989年固原县杨郎乡马庄村

【尺　　寸】 通长20.2厘米

【形制描述】 剑首为单环状；剑柄中间镂空；剑格为双翼两端下垂。

【发表出处】 ［19］第139页

38

【出土地点】 固原县彭堡乡于家庄墓地SM5：13

【尺　　寸】 通长23厘米

【形制描述】 剑首为蘑菇状；剑格略呈一字形。

【发表出处】 ［16］图一一，2；图版拾肆，6

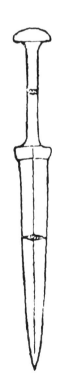

39

【出土地点】 彭阳县交岔乡苋麻村XM：02

【尺　　寸】 通长17厘米

【形制描述】 剑首近蘑菇状。剑柄镂空。
剑格近双翼状。

【发表出处】 ［17］图四，1；图版肆，2

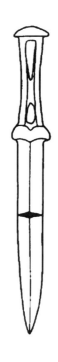

40

【出土地点】 中卫县狼窝子坑M3：12

【尺　　寸】 通长42厘米

【形制描述】 剑首近蘑菇状；剑柄饰螺旋
纹；剑格为三叉状；剑格与剑
身相交为三角形。

【发表出处】 ［5］图四，1

【备　　注】 铜柄铁剑。原报告无描述。尺
寸根据比例尺估算。

41

【出土地点】 固原县大湾绿塬村

【尺　　寸】 通长24.2厘米

【形制描述】 剑首近蘑菇状，端有一扁孔；
剑柄饰螺旋纹，中间饰小方
连点纹；剑格下斜，似羊角
卷曲。

【发表出处】 ［7］图一，3

42

【出土地点】 中卫县狼窝子坑M2：10

【尺　　寸】 通长25.9厘米

【形制描述】 剑首为单环状；剑柄饰螺旋
纹；剑格下斜，似羊角卷曲。

【发表出处】 ［5］图四，2

43

【出土地点】	彭阳县交岔乡官台村
【尺　寸】	柄部残长14厘米，原长应在50厘米左右
【形制描述】	剑首近蘑菇状，端有一孔；剑柄饰粟点纹；剑格为三叉状，中部残断。
【发表出处】	［13］图一，14
【备　注】	铜柄铁剑。

44

【出土地点】	西吉县新营陈阳川村
【尺　寸】	残长10厘米
【形制描述】	剑首近蘑菇状；剑柄饰粟点纹；剑格为三叉状，与剑身相交为长条形；剑身残断。
【发表出处】	［7］图一，4
【备　注】	铜柄铁剑。

45

【出土地点】　彭阳县王大户墓地PWM4：
　　　　　　　43

【尺　　寸】　通长57厘米

【形制描述】　剑首近蘑菇状；剑柄饰粟点
　　　　　　　纹；剑格为三叉状，与剑身相
　　　　　　　交为长条形。

【发表出处】　［20］第125页，图2-63：43；
　　　　　　　彩版2-85：3、4

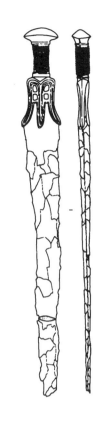

46

【出土地点】　固原县彭堡乡于家庄

【尺　　寸】　残长33.5厘米

【形制描述】　剑首近蘑菇状；剑柄饰粟点
　　　　　　　纹；剑格为三叉状，与剑身相
　　　　　　　交为长条形；剑身残断。

【发表出处】　［14］图二

47

【出土地点】　马庄Ⅰ M12∶3

【尺　　寸】　残长18.9、柄长11、格宽5.2厘米

【形制描述】　剑首近蘑菇状；剑柄饰粟点纹；剑格为三叉状，与剑身相交为长
　　　　　　　条形。

【发表出处】　［11］图一六，6，图版壹，10

【备　　注】　铜柄铁剑。

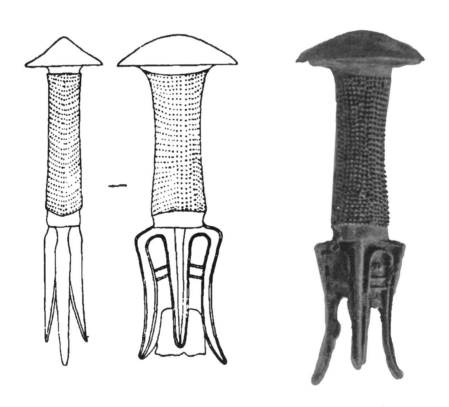

48

【出土地点】　固原县头营乡石羊村

【尺　　寸】　残长55、格宽5.2厘米

【形制描述】　剑首近蘑菇状；剑柄饰粟点纹；剑格为三叉状，剑格与剑身相交为
长条形，三叉状剑格加长。剑身更加瘦长。

【发表出处】　［19］第149页

【备　　注】　铜柄铁剑。

49

【出土地点】 固原县头营乡张家崖村

【尺　　寸】 残长60厘米

【形制描述】 剑首近蘑菇状；剑柄饰粟点纹；剑格为三叉状，剑格与剑身相交为
长条形，三叉状剑格加长，两侧有突棘，剑身更加瘦长。

【发表出处】 ［19］第150页

【备　　注】 铜柄铁剑。

50

【出土地点】　固原县河川乡

【尺　　寸】　通长28.7厘米

【形制描述】　没有剑首。剑柄有对卧动物头雕；剑格内凹有双环。

【发表出处】　[19] 第142页

二、刀

1

【出土地点】　西吉县单北村槐湾

【尺　　寸】　通长17、首宽2.3、柄长7.3、柄宽1.5厘米

【形制描述】　大环首，柄部有卷云纹，柄身分界清晰，刀身较弧。

【发表出处】　［7］图六，12

2

【出土地点】　彭阳县古城乡

【尺　　寸】　通长18.3、首宽2.3、柄长6、柄宽1厘米

【形制描述】　大环首，柄部有云雷纹及三角纹，柄身分界清晰，刀身较弧。

【发表出处】　［7］图六，11

3

【出土地点】	彭阳县孟塬乡
【尺　　寸】	通长24、首宽2.7、柄长10.3、柄宽1.8厘米
【形制描述】	大环首，柄身分界清晰，刀身较弧。
【发表出处】	［7］图六，3

4

【出土地点】	固原县
【尺　　寸】	通长15.5、柄长9.2、柄宽1.5厘米
【形制描述】	大环首，刀首有一不规则大孔，柄部有一道横纹，柄身分界清晰，刀身较弧。
【发表出处】	［7］图六，6

5

【出土地点】 隆德县神林乡

【尺　寸】 通长13、柄长5.5、身宽1.3厘米

【形制描述】 大环首，柄身不明显，刀身较弧。

【发表出处】 ［6］图三，2

6

【出土地点】 中宁县倪丁村M2：12

【尺　寸】 通长20.06厘米

【形制描述】 大环首，刀首圆孔较小，柄身分界不明显，刀身较直。

【发表出处】 ［4］图七，上

7

【出土地点】 中宁县倪丁村 M2 ： 13

【尺　　寸】 通长 17.7 厘米

【形制描述】 大环首，刀首圆孔较小，柄身
分界较清晰，刀身较弧。

【发表出处】 ［4］图七，下

8

【出土地点】 固原县

【尺　　寸】 通长 22、柄长 10.3、柄宽 1.7
厘米

【形制描述】 刀首为一三角形大孔，柄身分
界清晰，刀身较弧。

【发表出处】 ［7］图六，8

9

【出土地点】	固原县西郊乡
【尺　寸】	通长10.9、柄长4.7、柄宽0.6 厘米
【形制描述】	刀首为一不规则孔，柄身有分界，刀身较弧。
【发表出处】	［7］图六，2

10

【出土地点】	于家庄SM3 ：8
【尺　寸】	通长20厘米
【形制描述】	刀首为一不规则孔，柄身有分界，刀身较弧。
【发表出处】	［16］图一一，8

11[①]

【出土地点】 彭阳县米沟村

【尺　　寸】 通长16.1、身长9厘米

【形制描述】 刀首为一不规则孔，柄身有分
　　　　　　界，刀身较弧。

【发表出处】 ［19］第191页Ⅶ式

12

【出土地点】 于家庄SM4∶36

【尺　　寸】 通长19.2厘米

【形制描述】 刀首为一不规则孔，柄身有分
　　　　　　界，刀身较弧。

【发表出处】 ［16］图一一，9

---

① 与该器形制相近的还有：
　　彭阳县米沟村；通长13.2、身长9厘米；刀首无孔；柄身有分界，刀身较弧；［19］第191页Ⅰ式。
　　彭阳县米沟村；通长14、身长7.7厘米；刀首无孔；柄身有分界，刀身较弧；［19］第191页Ⅱ式。

13

【出土地点】 杨郎乡大北山

【尺　寸】 通长19.9厘米

【形制描述】 刀首为一不规则孔，柄身有分
界，刀身较弧。

【发表出处】 ［3］图一，4

14

【出土地点】 石喇村

【尺　寸】 通长20，刃长12.2厘米

【形制描述】 刀首为一不规则孔，柄身有分
界，刀身较弧。

【发表出处】 ［2］图版贰伍，2

15

【出土地点】 固原县

【尺　　寸】 通长19.7、柄长8.3、柄宽1.3
厘米

【形制描述】 刀首为一不规则圆孔，柄部绕
绳，柄身有分界，刀身较弧。

【发表出处】 ［7］图六，9

16

【出土地点】 固原县

【尺　　寸】 通长17、柄长10、柄宽2厘米

【形制描述】 刀首为一不规则孔，刀首呈不
规则状，柄身有分界，刀身较
弧，刀尖略残。

【发表出处】 ［7］图六，10

17

【出土地点】 中卫县狼窝子坑M3：8

【尺　　寸】 残长19.1、刀首孔径0.7、柄长
7、柄宽1.5、刀身宽2、背厚
0.4厘米

【形制描述】 刀首为一不规则孔，刀身锈蚀
严重，柄身分界不明显。

【发表出处】 ［5］图三，6

18

【出土地点】 中卫县狼窝子坑M2：11

【尺　　寸】 残长18.2、刀首孔径0.8、柄长
6.5、柄宽1.8、刀身宽2.1、背
厚0.5厘米

【形制描述】 刀首为一不规则孔，刀身锈蚀
严重，柄身分界不明显。

【发表出处】 ［5］图三，1

19①

【出土地点】　中卫县狼窝子坑M5：12

【尺　　寸】　残长18.6、柄长7.5、柄宽1.4、
　　　　　　　刀身宽2、背厚0.9厘米

【形制描述】　刀首为一不规则孔，刀身锈蚀
　　　　　　　严重，柄身分界不明显。

【发表出处】　［5］图三，3

---

① 与该器形形制相近的还有：
　　中卫县狼窝子坑M5：13；残长15.3、刀首孔径0.5、柄长5.5、柄宽1、刀身宽1.6、背厚0.4厘米，刀首
　　为一不规则孔，刀身锈蚀严重，柄身分界不明显；［5］图三，4。
　　中卫县狼窝子坑M5：14；通长17.6、柄长6.5、柄宽0.8、刃宽1.7、背厚0.5厘米；刀首为一不规则孔，
　　刀身锈蚀严重，柄身分界不明显；［5］图三，5。
　　中卫县狼窝子坑M5：15；通长18.6、柄长6.6、柄宽0.9、刃宽1.9、背厚0.5厘米；刀首为一不规则孔，
　　刀身锈蚀严重，柄身分界不明显；［5］图三，8。
　　中卫县狼窝子坑M5：16；通长18.5、刀首孔径0.5、柄长5、柄宽1.9、刀身宽2.1、背厚0.4厘米；刀首
　　为一不规则孔，刀身锈蚀严重，柄身分界不明显；［5］图三，9。
　　中卫县狼窝子坑M5：6；残长18.3、刀首孔径0.6、柄长6.5、柄宽1.5、刀身宽1.7、背厚0.3厘米；刀首
　　为一不规则孔，刀身锈蚀严重，柄身分界不明显；［5］图三，7。

20

【出土地点】　中卫县狼窝子坑 M4∶1

【尺　　寸】　通长 18.7、刀首孔径 0.8、柄长
4.4、柄宽 1.8、刀身宽 2.1、背
厚 0.5 厘米

【形制描述】　刀首为一不规则孔，刀身锈蚀
严重，柄身分界不明显。

【发表出处】　〔5〕图三，2

21

【出土地点】　彭阳县米沟村

【尺　　寸】　通长 15、身长 8.8 厘米

【形制描述】　刀首无孔，刀身较弧。

【发表出处】　〔19〕第 191 Ⅲ式

22

【出土地点】　　王大户 M1 ： 39

【尺　　寸】　　通长16.2厘米

【形制描述】　　刀首无孔，柄身分界不明显，
　　　　　　　　刀身较直。

【发表出处】　　［20］第38页

23

【出土地点】　　彭阳县米塬村

【尺　　寸】　　通长16.8、刃长9厘米

【形制描述】　　刀首为一不规则孔，柄身分界
　　　　　　　　不明显，刀身较直。

【发表出处】　　［17］图三，5

24

【出土地点】 杨郎乡马庄 I M1：37

【尺　　寸】 通长19.5、背厚3.4厘米

【形制描述】 刀首为一不规则孔，柄身分界
不明显，刀身较直。

【发表出处】 ［11］图一六，20

25

【出土地点】 撒门村

【尺　　寸】 通长10.2、柄长4.3、柄宽1.25
厘米

【形制描述】 刀首为一不规则孔，柄身分界
不明显，刀身较直。

【发表出处】 ［7］图六，1

26

【出土地点】 固原县田洼村

【尺　　寸】 通长11.5、柄宽1厘米

【形制描述】 刀首为一不规则孔，柄身基本
无分界，刀身较直。

【发表出处】 ［7］图六，4

27

【出土地点】 杨郎乡马庄ⅠM8：31

【尺　　寸】 通长12.6、柄长6.5、背厚0.25
厘米

【形制描述】 刀首为一不规则孔，柄身基本
无分界，刀身较直。

【发表出处】 ［11］图一六，18

28

【出土地点】 于家庄

【尺　　寸】 通长15.2厘米

【形制描述】 刀首为一不规则孔，柄身基本
无分界，刀身略弧。

【发表出处】 ［14］图三

29

【出土地点】 彭阳县米沟村

【尺　　寸】 通长15.5、身长10厘米

【形制描述】 刀首无孔，柄身基本无分界，
刀身略弧。

【发表出处】 ［19］第191页Ⅴ式

30

【出土地点】 王大户M7：17

【尺　　寸】 通长17.8厘米

【形制描述】 刀首为一不规则孔，柄身分界
　　　　　　不明显，刀身较直。

【发表出处】 ［20］第220页

31

【出土地点】 王大户M2：14

【尺　　寸】 通长16.5厘米

【形制描述】 刀首无孔，柄身分界不明显，
　　　　　　刀身较直。

【发表出处】 ［20］第65页

32

【出土地点】 张街村

【尺　　寸】 通长17.8、背厚0.4厘米

【形制描述】 刀首为一不规则孔，柄身分界
不明显，刀身较直。

【发表出处】 ［18］图七，2

33

【出土地点】 撒门村

【尺　　寸】 通长11.8、柄长2.7、柄宽0.75
厘米

【形制描述】 刀首为一不规则孔，柄身分界
不明显，刀身略弧。

【发表出处】 ［7］图六，5

34

【出土地点】 陈阳川村 M3 : 10

【尺　　寸】 通长18.4、刀身宽1.6厘米

【形制描述】 刀首为一不规则孔，柄身分界
不明显，刀身较直。

【发表出处】 ［15］图五，1

35

【出土地点】 杨郎乡大北山

【尺　　寸】 通长26厘米

【形制描述】 刀首为一不规则孔，柄身基本
无分界，刀身较直。

【发表出处】 ［3］图二，3

36 [1]

【出土地点】 彭阳县米沟村

【尺　　寸】 通长16.5、身长8.8厘米

【形制描述】 刀首为一不规则孔，柄身基本
　　　　　　无分界，刀身较直。

【发表出处】 ［19］第191页Ⅳ式

37

【出土地点】 张街村M3

【尺　　寸】 残长20.5、背厚0.4厘米

【形制描述】 刀首为一不规则孔，柄身基本
　　　　　　无分界，刀身较直，刀尖略
　　　　　　残。

【发表出处】 ［18］图七，1

---

① 与该器形形制相近的还有：
　彭阳县米沟村；通长16、身长8.5厘米；刀首为一不规则孔，柄身基本无分界，刀身较直；［19］第191
　页Ⅵ式。
　彭阳县米沟村；通长19.3、身长10厘米；刀首为一不规则孔，柄身基本无分界，刀身较直；［19］第191
　页Ⅷ式。

38

【出土地点】 张街村

【尺　寸】 通长10、柄长7.8、背厚0.2
厘米

【形制描述】 刀首为一不规则孔，柄身基本
无分界，刀身较直。

【发表出处】 ［18］图七，3

39

【出土地点】 杨郎乡马庄 I M6：20

【尺　寸】 通长18.1厘米

【形制描述】 刀首为一不规则孔，柄身基本
无分界，刀身较直。

【发表出处】 ［11］图一六，19；图版壹，9

40

【出土地点】　杨郎乡马庄 I M12 ： 12

【尺　　寸】　通长21.6厘米

【形制描述】　刀首为一不规则孔，柄身基本
　　　　　　　无分界，刀身较直。

【发表出处】　［11］图一六，21

41

【出土地点】　中庄M1 ： 11

【尺　　寸】　通长17厘米

【形制描述】　刀首为一不规则孔，柄身基本
　　　　　　　无分界，刀身较直。

【发表出处】　［20］第442页

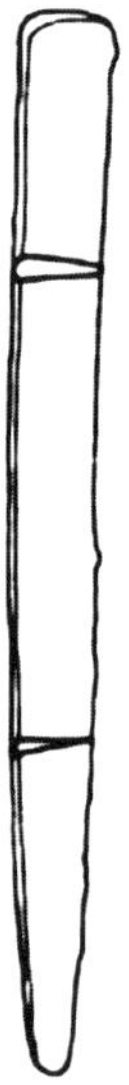

42

【出土地点】 杨郎乡马庄Ⅰ M2：45

【尺　　寸】 通长22、刀身宽2.2厘米

【形制描述】 刀首无孔，柄身基本无分界，
　　　　　　 刀身较直。

【发表出处】 ［11］图二五，13

【备　　注】 铁质。

43

【出土地点】 于家庄M7：16

【尺　　寸】 通长18.4厘米

【形制描述】 刀首无孔，柄身基本无分界，
　　　　　　 刀身较直。

【发表出处】 ［16］图一一，10

三、鹤嘴斧

1

【出土地点】	中宁县倪丁村M1：2
【尺　　寸】	通长12、銎孔长径2.1、较长一端扁刃宽3.8厘米
【形制描述】	斧身平直，两端扁刃，一端长一端短。椭圆形銎，銎壁正中有一钉孔，銎部宽于斧身。
【发表出处】	［4］图版壹，7

2

【出土地点】	中宁县倪丁村M2：1
【尺　　寸】	通长11.3、銎孔长径3、较长一端扁刃宽3.5厘米
【形制描述】	斧身平直，两端扁刃，一端长一端短。椭圆形銎，銎壁正中有一钉孔，銎部宽于斧身。
【发表出处】	［4］图版壹，6

3

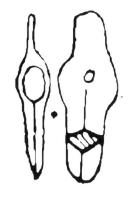

【出土地点】 中卫县狼窝子坑M2 : 4

【尺　　寸】 通长11.6、柄銎高4、銎径
3.4×2.6厘米。较长一端扁刃
长5.5、宽2.6厘米；较短一端
扁刃长3.7、宽2.4厘米

【形制描述】 斧身平直，两端扁刃，一端长
一端短。椭圆形銎，銎壁正中
有一钉孔，銎部宽于斧身。

【发表出处】 ［5］图四，12

4

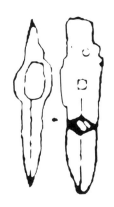

【出土地点】 中卫县狼窝子坑M3 : 5

【尺　　寸】 通长12.5、较长一端扁刃长6、
宽2.2厘米；较短一端扁刃长
3、宽1.9厘米

【形制描述】 斧身平直，两端扁刃，一端长
一端短。长刃端变窄，椭圆形
銎，銎壁正中有一钉孔，銎部
宽于斧身。

【发表出处】 ［5］图四，10

5

【出土地点】　中卫县狼窝子坑M5：7

【尺　　寸】　通长12、銎高3.2、銎径3.6×2.3厘米。较长一端扁刃长7、刃宽3.2厘米；较短一端扁刃长2.5、刃宽2.3厘米

【形制描述】　斧身平直，两端扁刃，一端长一端短，长刃端变窄。椭圆形銎，銎壁正中有一钉孔，銎部宽于斧身。

【发表出处】　［5］图四，11

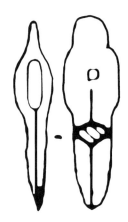

6

【出土地点】　杨郎乡马庄ⅠM14：12

【尺　　寸】　通长15.6厘米

【形制描述】　斧身平直，两端均为长方形扁刃。圆形銎孔，銎部与斧身同宽。

【发表出处】　［11］图一六，15

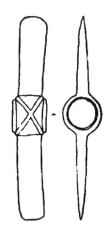

7

【出土地点】 彭阳县郑庄村

【尺　　寸】 通长10.5、銎径1.2厘米

【形制描述】 斧身平直，两端均为长方形扁
刃，一端较长。近圆形銎孔，
銎部与斧身同宽。

【发表出处】 ［17］图七，8

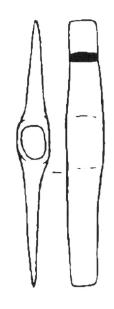

8

【出土地点】 王大户M6：4

【尺　　寸】 通长13.8厘米

【形制描述】 斧身平直，两端均为长方形扁
刃，一端较长。近圆形銎孔。

【发表出处】 ［20］第199页

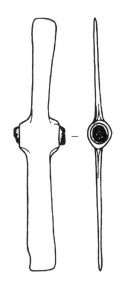

9

【出土地点】 彭阳县古城乡

【尺　　寸】 通长 14.5、銎径 2.1、一端刃宽
1.7、另一端刃宽 1.5 厘米

【形制描述】 斧身平直，两端均为长方形扁
刃且较薄，一端较长。圆形銎
孔，銎部与斧身同宽。

【发表出处】 ［7］图三，3

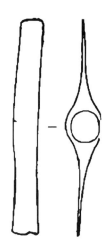

10

【出土地点】 杨郎乡马庄 Ⅱ M18∶8

【尺　　寸】 通长 9.3 厘米

【形制描述】 斧身平直，两端均为长方形扁
刃，一端较长。圆形銎孔，銎
部与斧身同宽。

【发表出处】 ［11］图一六，10

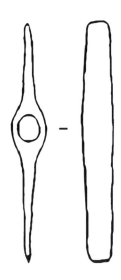

11

【出土地点】 固原县

【尺　　寸】 通长14.5厘米

【形制描述】 斧身平直，两端均为长方形扁
刃且较薄，一端较长。圆形銎
孔，銎部与斧身同宽。

【发表出处】 ［3］图四，5

12

【出土地点】 彭阳米沟204

【尺　　寸】 通长9.2厘米

【形制描述】 斧身平直，两端均为长方形扁
刃，一端较长。圆形銎孔，銎
部与斧身同宽。

【发表出处】 ［20］第764页

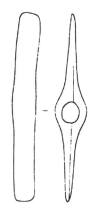

13

【出土地点】 彭阳米沟205

【尺　　寸】 通长11.2厘米

【形制描述】 斧身平直，两端均为长方形扁
刃，一端较长。圆形銎孔，銎
部与斧身同宽。

【发表出处】 ［20］第764页

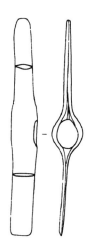

14

【出土地点】 彭阳米沟203

【尺　　寸】 通长10.2厘米

【形制描述】 斧身平直，两端均为长方形扁
刃，一端较长。圆形銎孔，銎
部与斧身同宽。

【发表出处】 ［20］第764页

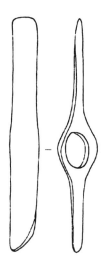

15

【出土地点】 彭阳县米沟村

【尺　　寸】 通长9、銎径1.1、刃宽0.9厘米

【形制描述】 斧身平直，两端均为长方形扁刃，一端较长。近圆形銎孔，銎部与斧身同宽。

【发表出处】 ［19］第186页下Ⅰ式

16

【出土地点】 彭阳县米沟村

【尺　　寸】 通长11.2、銎径1.6、刃宽1.1厘米

【形制描述】 斧身平直，两端均为长方形扁刃，一端较长。近圆形銎孔，銎部与斧身同宽。

【发表出处】 ［19］第186页下Ⅱ式

17

【出土地点】 彭阳县米沟村

【尺　　寸】 通长10、銎径1.5、刃宽1.1厘
米

【形制描述】 斧身平直，两端均为长方形扁
刃，一端较长。近圆形銎孔，
銎部与斧身同宽。

【发表出处】 ［19］第186页下Ⅲ式

18

【出土地点】 彭阳县古城乡

【尺　　寸】 通长16、銎径2.4、刃宽1.8厘
米

【形制描述】 斧身平直，两端均为长方形扁
刃，一端较长。近圆形銎孔，
銎部与斧身同宽。

【发表出处】 ［19］第187页右（1）

19

【出土地点】　于家庄M19：4

【尺　　寸】　通长9、銎径1厘米

【形制描述】　斧身平直，短端为长方形扁
　　　　　　　刃，长端鹤嘴状。圆形銎孔，
　　　　　　　銎部略宽于斧身。

【发表出处】　［16］图一一，12；图版拾肆，
　　　　　　　4

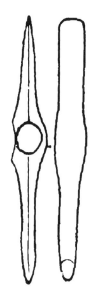

20

【出土地点】　彭阳县古城乡

【尺　　寸】　通长12.8厘米

【形制描述】　斧身平直，短端为长方形扁刃，
　　　　　　　长端鹤嘴状。椭圆形銎孔。

【发表出处】　［3］图四，3

21

【出土地点】　固原县征集

【尺　　寸】　通长16厘米

【形制描述】　斧身平直，短端为长方形扁
　　　　　　　刃，长端鹤嘴状。圆形銎孔。

【发表出处】　〔3〕图四，4

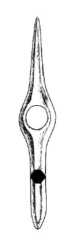

22

【出土地点】　中卫县狼窝子坑M5：27

【尺　　寸】　通 长16.5、銎 高2.2、銎 径
　　　　　　　2.9×2.4、鹤嘴长8.5、扁刃长
　　　　　　　5.5、扁刃宽1.8厘米

【形制描述】　斧身平直，短端为扁刃，长端
　　　　　　　为鹤嘴状。近圆形銎孔，銎部
　　　　　　　宽于斧身。

【发表出处】　〔5〕图四，9

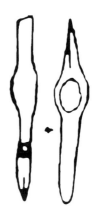

23

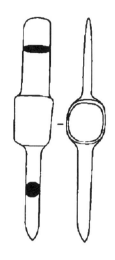

【出土地点】 彭阳县白草洼村

【尺　　寸】 通长14、銎径2.3、扁刃宽1.8
厘米

【形制描述】 斧身平直，短端为扁刃，长端
为鹤嘴状。圆角方形銎孔，銎
部宽于斧身。

【发表出处】 ［17］图五，6

24

【出土地点】 彭阳县古城乡

【尺　　寸】 通长12.8、刃宽1.4厘米

【形制描述】 斧身平直，短端为长方形扁
刃，长端鹤嘴状。近圆形銎
孔，銎部宽于斧身。

【发表出处】 ［19］第187页左（1）

25

【出土地点】 彭阳县古城乡

【尺　　寸】 通长15、銎径2.1、刃宽1.7厘
米

【形制描述】 斧身平直，短端为长方形扁
刃，长端鹤嘴状。近圆形銎
孔，銎部宽于斧身。

【发表出处】 ［19］第187页右（2）

26

【出土地点】 王大户M5：6

【尺　　寸】 通长8厘米

【形制描述】 斧身平直，一端扁刃一端鹤嘴
状。圆形銎孔，銎部宽于斧身。

【发表出处】 ［20］第180页

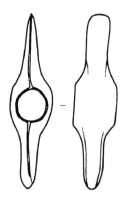

27

【出土地点】 杨郎乡马庄 I M2：40

【尺　　寸】 通长12.6厘米

【形制描述】 斧身平直，短端为长方形扁刃，长端鹤嘴状。圆形銎孔，銎部宽于斧身。

【发表出处】 [11]图一六，14

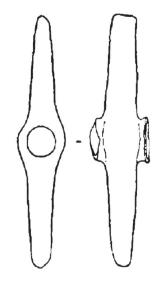

28

【出土地点】 河川乡上台村芦子沟

【尺　　寸】 通长9.3、銎径4厘米

【形制描述】 斧身两端略下垂，短端为长扁刃，略长端鹤嘴状。圆形銎孔，銎部略宽于斧身。

【发表出处】 [7]图三，1

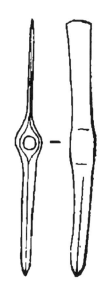

29

【出土地点】 鸦儿沟

【尺　　寸】 通长14厘米

【形制描述】 斧身两端下垂，一端为长方形
　　　　　　扁刃，另一端鹤嘴状略长。圆
　　　　　　形銎孔，銎部与斧身同宽。

【发表出处】 ［1］图九，2

30

【出土地点】 张街村

【尺　　寸】 通长10.9、銎径0.8厘米

【形制描述】 斧身两端略下垂，短端为长方
　　　　　　形扁刃，长端鹤嘴状且较长。
　　　　　　椭圆形銎孔。

【发表出处】 ［17］图二，3

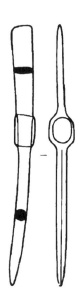

31

【出土地点】 彭阳县古城乡

【尺　　寸】 通长15.6、銎径1.8、刃宽2.1
厘米

【形制描述】 斧身两端略下垂，一端为长方
形扁刃且较薄，另一端鹤嘴
状。圆形銎孔。

【发表出处】 ［7］图三，2

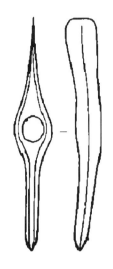

32

【出土地点】 撒门村

【尺　　寸】 通长20.8、刃宽2.5厘米

【形制描述】 斧身两端下垂，短端为长方形
扁刃，长端鹤嘴状且较长。椭
圆形銎孔，銎部宽于斧身。

【发表出处】 ［19］第188页

33

【出土地点】　固原县西郊乡

【尺　　寸】　通长20.5、刃宽3.9厘米

【形制描述】　斧身两端略下垂，短端为长方
　　　　　　　形扁刃，长端鹤嘴状。圆形銎
　　　　　　　孔。

【发表出处】　［19］第189页

34

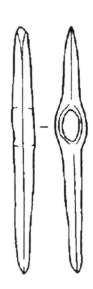

【出土地点】　苋麻村

【尺　　寸】　通长10、銎径1厘米

【形制描述】　斧身平直，两端均呈鹤嘴状，
　　　　　　　一端较长。椭圆形銎孔。

【发表出处】　［17］图四，2

35

【出土地点】　于家庄SM5：43

【尺　　寸】　通长13、銎径1.6厘米

【形制描述】　斧身两端略下垂，均成圆柱
状。圆形銎孔。

【发表出处】　［16］图一一，13

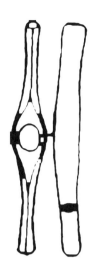

36

【出土地点】　彭阳县白草洼村

【尺　　寸】　通长9.1、銎径0.9厘米

【形制描述】　斧身两端平直，均成圆柱状。
椭圆形銎孔，銎部略宽于斧身。

【发表出处】　［17］图五，1

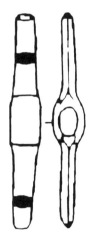

37

【出土地点】 杨郎乡马庄 I M6 ： 21

【尺　　寸】 通长7、銎径1.4厘米

【形制描述】 斧身两端平直，均成圆柱状。
圆形銎孔，銎内残存木屑。

【发表出处】 ［11］图一六，11；图版壹，6

四、矛

1

【出土地点】　单北村槐湾

【尺　　寸】　通长14.8、骹径2.2厘米

【形制描述】　矛身呈柳叶状，直筒状骹，近
锋处渐细，骹端有一圆形钉孔。

【发表出处】　［7］图二，4

2

【出土地点】　彭阳县白杨林村

【尺　　寸】　通长22.8、骹径2.4厘米

【形制描述】　矛身呈柳叶状，两叶对称，中
起脊，直筒状骹，近锋处渐
细，骹端有一圆形钉孔。

【发表出处】　［7］图二，5

3

【出土地点】　撒门村 M3

【尺　　寸】　通长16、骹径1.8厘米

【形制描述】　矛身呈宽叶形，中起脊，直筒
状骹，近锋处渐细，骹端有一
圆形钉孔。

【发表出处】　［7］图二，1

4

【出土地点】　河川乡阳洼村

【尺　　寸】　通长14.1、刃宽3.4厘米

【形制描述】　矛身呈宽叶形，两叶对称，直
筒状骹，纵贯锋脊，近锋处渐
细，骹端有一圆形钉孔。

【发表出处】　［19］第153页

5

【出土地点】　石喇村

【尺　　寸】　通长16、身长6、骹径1.9厘米

【形制描述】　矛身呈宽叶形，两叶对称，直
筒状骹，纵贯锋脊，近锋处渐
细，骹端有一圆形钉孔。

【发表出处】　［2］图四

6

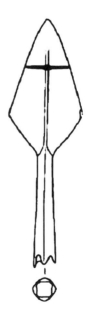

【出土地点】　石岔乡石岔村

【尺　　寸】　通长16.4、骹径1.5厘米

【形制描述】　矛身呈宽叶形，两叶对称，中
起脊，骹断面为正方形，近锋
处渐细，骹端有一圆形钉孔。

【发表出处】　［17］图七，11

7

【出土地点】 杨郎乡马庄采：115

【尺　　寸】 通长17.2厘米

【形制描述】 矛身呈宽叶形，直筒状骹，纵
贯锋脊，近锋处渐细，骹端有
一圆形钉孔。

【发表出处】 ［11］图一六，5

8

【出土地点】 杨郎乡马庄Ⅲ M18：9

【尺　　寸】 通长11.9厘米

【形制描述】 矛身呈宽叶形，直筒状骹，纵
贯锋脊，近锋处渐细，骹端有
一圆形钉孔。

【发表出处】 ［11］图一六，4

9

【出土地点】 苋麻村

【尺　　寸】 通长15.8、骹径1.1厘米

【形制描述】 矛身呈四边形，两叶对称，中
起脊，直筒状骹，近锋处渐
细。骹端有一圆形钉孔。

【发表出处】 ［17］图四，3

10

【出土地点】 于家庄SM5

【尺　　寸】 通长15.1、骹外径2厘米

【形制描述】 矛身呈窄叶形，两叶对称，中
起脊，直筒状骹，近锋处渐
细。骹端有一圆形钉孔。

【发表出处】 ［16］图一一，3

11

【出土地点】　彭阳县白草洼村

【尺　　寸】　通长16.4、骹径2厘米

【形制描述】　矛身呈窄叶形，中起脊，直筒
　　　　　　　状骹，纵贯至矛身中部，近锋
　　　　　　　处渐细，骹端有一圆形钉孔。

【发表出处】　〔17〕图五，7

12

【出土地点】　隆德县沙塘乡机砖厂

【尺　　寸】　通长14.7、骹径1.8厘米

【形制描述】　矛身呈四边形，两叶对称，中
　　　　　　　起脊，直筒状骹，近锋处渐
　　　　　　　细，骹端有一圆形钉孔。

【发表出处】　〔7〕图二，3

13

【出土地点】　米塬村

【尺　　寸】　通长22.8、骹径2.4厘米

【形制描述】　矛身呈窄叶形，两叶对称，中
起脊，直筒状骹，近锋处渐
细。骹端有一圆形钉孔。

【发表出处】　［7］图二，6

14

【出土地点】　米塬村

【尺　　寸】　通长24、骹径2厘米

【形制描述】　矛身呈窄叶形，两叶对称，中
起脊，直筒状骹，近锋处渐
细。骹端有一圆形钉孔。

【发表出处】　［17］图三，10

兵器工具类

81

15

【出土地点】 官台村

【尺　　寸】 通长26、骹径1.8厘米

【形制描述】 矛身呈窄叶形，直筒状骹，纵
　　　　　　贯锋脊，近锋处渐细，骹端有
　　　　　　一圆形钉孔。

【发表出处】 ［13］图一，13

16

【出土地点】 彭阳县交岔乡

【尺　　寸】 通长22、刃宽5厘米

【形制描述】 矛身呈窄叶形，两叶对称，直
　　　　　　筒状骹，纵贯锋脊，近锋处渐
　　　　　　细，骹端有一圆形钉孔。

【发表出处】 ［19］第151页

17

【出土地点】 于家庄NM2：3：1

【尺　　寸】 通长14.4、銎外径1.7厘米

【形制描述】 矛身呈窄叶形，两叶对称，中起脊，直筒状銎，近锋处渐细，銎端有一圆形钉孔。

【发表出处】 ［16］图一一，5

18

【出土地点】 于家庄SM4：47

【尺　　寸】 通长26.2、銎外径2.2厘米

【形制描述】 矛身呈四边形，两叶对称，直筒状銎，近锋处渐细，銎端有一圆形钉孔。

【发表出处】 ［16］图一一，4

19

【出土地点】　彭阳县川口乡郑庄村

【尺　　寸】　通长12.6、骹径1.3厘米

【形制描述】　矛身呈窄叶形，中起脊，直筒
　　　　　　　状骹，近锋处渐细，骹端有一
　　　　　　　圆形钉孔。

【发表出处】　［7］图二，2

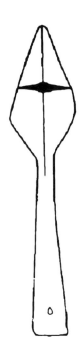

20

【出土地点】　杨郎乡马庄

【尺　　寸】　通长14.3、刃宽4.6厘米

【形制描述】　矛身呈窄叶形，直筒状骹，纵
　　　　　　　贯锋脊，近锋处渐细，骹端有
　　　　　　　一圆形钉孔。

【发表出处】　［19］第151页

21

【出土地点】　杨郎乡大北山

【尺　　寸】　通长21.5厘米

【形制描述】　矛身呈四边形，两叶对称，直
　　　　　　　筒状骹，纵贯锋脊，近锋处渐
　　　　　　　细，骹端有一圆形钉孔。

【发表出处】　［3］图二，1

22

【出土地点】　王大户M2：8

【尺　　寸】　通长10厘米

【形制描述】　矛身呈窄叶形，直筒状骹，纵
　　　　　　　贯锋脊，近锋处渐细，骹端有
　　　　　　　一圆形钉孔。

【发表出处】　［20］第65页

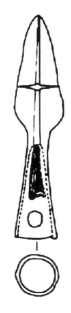

23

【出土地点】 王大户M3：3

【形制描述】 矛身呈窄叶形，直筒状骹，纵
贯锋脊，近锋处渐细，骹端有
一圆形钉孔。

【发表出处】 ［20］第82页

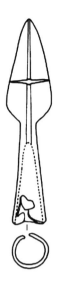

24

【出土地点】 中卫县狼窝子坑M5：29

【尺　　寸】 通长15.5、锋宽3.4、骹长9、
骹径1.7厘米

【形制描述】 矛身异形，两叶对称，直筒状
骹，纵贯锋脊，近锋处渐细，
骹端有一圆形钉孔。

【发表出处】 ［5］图四，13

25

【出土地点】　头营乡王家坪

【尺　寸】　通长 12.7 厘米

【形制描述】　矛身异形，中起脊，直筒状
　　　　　　骹，近锋处渐细，骹端有一圆
　　　　　　形钉孔。

【发表出处】　［3］图三，4

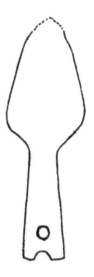

26

【出土地点】　固原县

【尺　寸】　通长 15.2、骹径 3.1 厘米

【形制描述】　锋骹一体，两叶对称，中起
　　　　　　脊，骹端有一圆形钉孔。

【发表出处】　［7］图二，7

27

【出土地点】　固原县

【尺　　寸】　通长22、骹径2.4厘米

【形制描述】　锋骹一体，两叶对称，刃部两
　　　　　　　侧有血槽，中起脊，骹端有一
　　　　　　　半圆形环。

【发表出处】　［7］图二，8

五、镦

1

【出土地点】　官台村

【尺　　寸】　通长9.6、銎径4.2厘米

【形制描述】　直筒状，近銎端有一钉孔，圜
形底。

【发表出处】　［13］图一，6

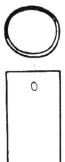

2

【出土地点】　撒门村M1

【尺　　寸】　通长9、銎径4.4厘米

【形制描述】　直筒状，近銎端有一钉孔，圜
形底。

【发表出处】　［7］图五，3

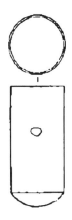

3

【出土地点】　撒门村M3

【尺　　寸】　通长10、銎径4厘米

【形制描述】　直筒状，尖形底。

【发表出处】　［7］图五，1

4

【出土地点】　官台村

【尺　　寸】　通长9.2、銎径4.4厘米

【形制描述】　直筒状，近銎端有一钉孔，尖圆形底。

【发表出处】　［13］图一，10

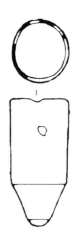

5

【出土地点】　撒门村

【尺　　寸】　通长11.2、銎径5厘米

【形制描述】　直筒状，近銎端有一钉孔，尖圆形底。

【发表出处】　［7］图五，4

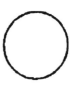

6

【出土地点】 彭阳县白草洼村

【尺　　寸】 通长6.8、銎径3.2厘米

【形制描述】 直筒状，近銎端有一钉孔，尖
圆形底。

【发表出处】 ［17］图五，5

7

【出土地点】 彭阳县白岔村

【尺　　寸】 通长11.7、銎径4.4厘米

【形制描述】 直筒状，近銎端有一钉孔，尖
圆形底。

【发表出处】 ［17］图六，2

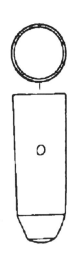

8

【出土地点】 于家庄SM4：1

【尺　　寸】 通长7.4、銎径4.3厘米

【形制描述】 直筒状，尖形底。

【发表出处】 ［16］图一二，2

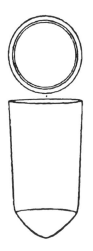

9

【出土地点】 王大户M1：19

【尺　　寸】 通长9.4、銎径4.2厘米

【形制描述】 直筒状，近銎端有一钉孔，尖
　　　　　　圆形底，内存朽木。

【发表出处】 ［20］第38页

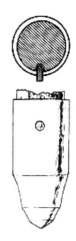

10

【出土地点】 陈阳川村M1：3

【尺　　寸】 通长8.7、銎径4厘米

【形制描述】 直筒状，近銎端有一钉孔，尖
　　　　　　圆形底，底中部内凹。

【发表出处】 ［15］图五，2

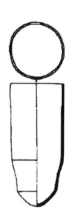

11

【出土地点】 张街村

【尺　　寸】 通长8.5、銎径4厘米

【形制描述】 直筒状，近銎端有一钉孔，尖
　　　　　　圆形底。

【发表出处】 ［17］图二，1

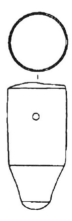

12

【出土地点】　马庄 I M7

【尺　　寸】　通长7.2、銎径2.4厘米

【形制描述】　直筒状，近銎端有钉孔，尖圆
　　　　　　　形底。内存朽木。

【发表出处】　［11］图二二，11

13

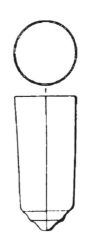

【出土地点】　彭阳县古城乡店洼村

【尺　　寸】　通长10、銎径4.8厘米

【形制描述】　直筒状，尖圆形底。

【发表出处】　［17］图七，2

14

【出土地点】　杨郎乡马庄 III M4：32

【尺　　寸】　通长7.5、銎径3.1厘米

【形制描述】　直筒状，近銎端有一对钉孔，
　　　　　　　尖圆形底。内存朽木。

【发表出处】　［11］图二二，10

15

【出土地点】　于家庄M10

【尺　　寸】　通长5.5、銎径3.1厘米

【形制描述】　直筒状，近銎端有一钉孔，尖
圆形底。

【发表出处】　［16］图一二，1

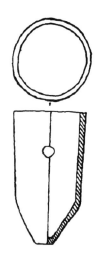

16

【出土地点】　倪丁村M2：21

【尺　　寸】　通长3.7、銎径2.3厘米

【形制描述】　尖圆状，平底。

【发表出处】　［4］图三，15

【备　　注】　原报告称"镦"，但形状和尺
寸与其他的有较大差别。

17

【出土地点】　撒门村

【尺　　寸】　通长5.3、銎径3.8厘米

【形制描述】　直筒状，异形底。

【发表出处】　［7］图五，5

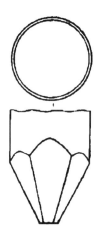

六、镞

1

【出土地点】 中宁县倪丁村 M2：16

【尺　　寸】 通长4.1厘米

【形制描述】 有铤，三翼。

【发表出处】 ［4］图三，5

2

【出土地点】 中宁县倪丁村 M2：23

【尺　　寸】 通长3厘米

【形制描述】 有铤，三翼。

【发表出处】 ［4］图三，4

3

【出土地点】 撒门村

【形制描述】 有铤，三翼。

【发表出处】 ［19］第157页（5）

4

【出土地点】　撒门村

【形制描述】　有铤，三翼。

【发表出处】　［19］第157页（6）

5

【出土地点】　固原县

【形制描述】　有铤，三翼。

【发表出处】　［7］图四，4

6

【出土地点】　撒门村

【形制描述】　有铤，三翼。

【发表出处】　［19］第157页（7）

7

【出土地点】　撒门村

【形制描述】　有铤，三翼。

【发表出处】　［19］第157页（2）

8

【出土地点】　苋麻村

【尺　　寸】　通长3.3厘米

【形制描述】　有铤，三棱。

【发表出处】　［17］图四，4

9

【出土地点】　固原县

【尺　　寸】　通长5.6厘米

【形制描述】　有铤，铤残，三棱。

【发表出处】　［7］图四，6

10

【出土地点】　姚河村

【尺　　寸】　通长3厘米

【形制描述】　有铤，铤残，三棱。

【发表出处】　［17］图七，12

11

【出土地点】　中卫县狼窝子坑M5：8

【尺　　寸】　通长4.8、翼宽2.2、柄銎径0.8
　　　　　　　厘米

【形制描述】　有铤，銎孔较小，三翼，翼较
　　　　　　　圆钝。

【发表出处】　［5］图四，7

12

【出土地点】　中卫县狼窝子坑M5：33

【尺　　寸】　通长3、翼宽1.5、柄銎径0.6
　　　　　　　厘米

【形制描述】　有铤，銎孔较小，三翼，翼较
　　　　　　　圆钝。

【发表出处】　［5］图四，14

13

【出土地点】 撒门村

【形制描述】 有铤，铤缺失，三翼。

【发表出处】 ［19］第157页（3）

14

【出土地点】 撒门村

【形制描述】 有铤，铤缺失，三翼。

【发表出处】 ［19］第157页（4）

15

【出土地点】 米塬村

【形制描述】 有銎，三翼，翼较薄。

【发表出处】 ［17］图三，11

16

【出土地点】	于家庄M17：10
【尺　　寸】	通长5.8厘米
【形制描述】	有銎，銎孔较大，三翼。
【发表出处】	［16］图一一，19

17

【出土地点】	撒门村
【形制描述】	有銎，銎孔较大，三翼。
【发表出处】	［19］第157页（1）

18

【出土地点】	固原县
【尺　　寸】	通长5.8厘米
【形制描述】	有銎，三翼，翼较薄。
【发表出处】	［7］图四，1

19

【出土地点】　王大户 M6 ： 13

【尺　　寸】　通长 2.6 厘米

【形制描述】　有銎，銎孔较大，三翼，翼较
　　　　　　　薄。

【发表出处】　［20］第 199 页

20

【出土地点】　王大户 M6 ： 17

【尺　　寸】　通长 2.8 厘米

【形制描述】　有銎，銎孔较大，三翼，翼较
　　　　　　　薄。

【发表出处】　［20］第 199 页

21

【出土地点】　彭阳米沟 196

【尺　　寸】　通长 2.9 厘米

【形制描述】　有銎，銎孔较大，三翼，翼较
　　　　　　　薄。

【发表出处】　［20］第 764 页

22

【出土地点】 杨郎乡马庄采：130

【尺　寸】 通长3.2厘米

【形制描述】 有銎，銎孔较大，三翼，翼较
　　　　　　薄。

【发表出处】 ［11］图一六，12

23

【出土地点】 于家庄M17：13

【尺　寸】 通长2厘米

【形制描述】 有銎，无翼，呈尖锥体状。

【发表出处】 ［16］图一一，17

24

【出土地点】 于家庄NM2：右4

【尺　寸】 通长1.4厘米

【形制描述】 有銎，无翼，呈矮尖锥体状。

【发表出处】 ［16］图一一，18

七、斧

1

【出土地点】　杨郎乡马庄Ⅲ M4：74

【尺　　寸】　通长7.4、銎口宽1.7、斧身宽
4.2厘米

【形制描述】　长方形銎，銎端有箍，銎内留
有残木柄，近銎口处有一不规
则钉孔，刃部两侧略外撇。

【发表出处】　［11］图一六，7

2

【出土地点】　中宁县倪丁村 M1：1

【尺　　寸】　通长9.5、銎径3.5×22、刃宽
3.9厘米

【形制描述】　长方形銎，銎端无箍，近銎口
处有一不规则钉孔，刃部两侧
略外撇。

【发表出处】　［4］图四，6

3

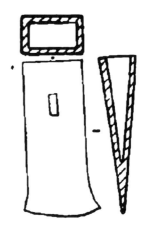

【出土地点】 中卫县狼窝子坑M5：11

【尺　　寸】 通长8.3、銎径3.3×2、刃宽4厘米

【形制描述】 长方形銎，銎端无箍，近銎口处有一长方形钉孔，刃部两侧略外撇。

【发表出处】 ［5］图五，4

4

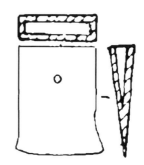

【出土地点】 中卫县狼窝子坑M1：21

【尺　　寸】 通长5.2、銎径3.8×1.2、刃宽4.6厘米

【形制描述】 长方形銎，銎端无箍，近銎口处有一钉孔，刃部两侧外撇。

【发表出处】 ［5］图五，5

5

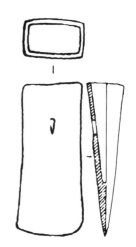

【出土地点】 于家庄SM4

【尺　　寸】 通长7.8、銎径3.2×2厘米

【形制描述】 长方形銎，銎端无箍，近銎口处有一三角形钉孔，刃部两侧略外撇。

【发表出处】 ［16］图一一，14

6

【出土地点】 彭阳米沟185

【尺　寸】 通长3.8厘米

【形制描述】 长方形銎，銎端无箍，近銎口处有一三角形钉孔，刃部两侧略外撇。

【发表出处】 ［20］第768页

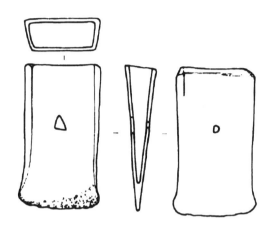

7

【出土地点】 于家庄M19：5

【尺　寸】 通长3.3、銎径2.2×1.2厘米

【形制描述】 长方形銎，銎端无箍，銎内留
有残木柄，无钉孔，刃部两侧
略内收。

【发表出处】 ［16］图一一，6

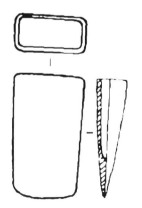

8

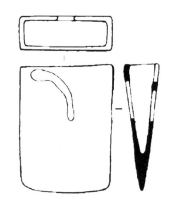

【出土地点】　张街村 M2

【尺　　寸】　通长 4.5、銎口宽 3.3、斧身宽
　　　　　　　3.2 厘米

【形制描述】　长方形銎，銎端无箍，斧身略
　　　　　　　残，刃部两侧平直，两侧铸缝
　　　　　　　明显。

【发表出处】　［18］图七，11

9

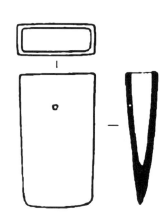

【出土地点】　张街村

【尺　　寸】　通长 4.2、銎径 2.2×0.6、刃宽
　　　　　　　2.2 厘米

【形制描述】　长方形銎，銎端无箍，近銎
　　　　　　　口处有一钉孔，刃部两侧略
　　　　　　　内收。

【发表出处】　［17］图一，11

10

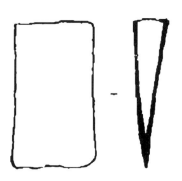

【出土地点】　杨郎乡马庄 Ⅱ M14 ：16

【尺　　寸】　通长 5.5、銎口宽 1.4、刃宽 3.2
　　　　　　　厘米

【形制描述】　长方形銎，銎端无箍，无钉
　　　　　　　孔，刃部两侧平直。

【发表出处】　［11］图一六，8

八、锛

1

【出土地点】 孟塬乡

【尺　　寸】 通长9.3、銎径2.6×1.6厘米

【形制描述】 六边形銎，銎端有箍，近銎口
处有一钉孔，锛体中部内收，
偏刃，刃部两侧外撇，一侧
略残。

【发表出处】 ［7］图七，8

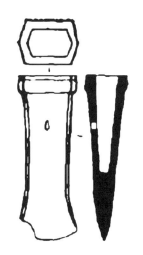

2

【出土地点】 孟塬乡

【尺　　寸】 通长8.3、銎径3×1.7、刃宽
3.4厘米

【形制描述】 椭圆形銎，銎端有箍，近銎口
处有一钉孔，偏刃，刃部两侧
略外撇。

【发表出处】 ［7］图七，5

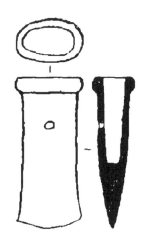

3

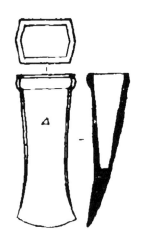

【出土地点】　孟塬乡

【尺　　寸】　通长9.3、銎径3×2、刃宽3厘米

【形制描述】　六边形銎，銎端有箍，近銎口
　　　　　　　处有一钉孔，钵体中部内收，
　　　　　　　偏刃，两面刃向一侧略弯，刃
　　　　　　　部两侧外撇。

【发表出处】　［17］图一，11

4

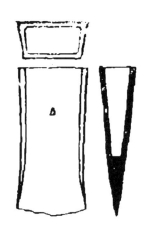

【出土地点】　孟塬乡

【尺　　寸】　通长8、銎径3×4.5、刃宽4厘
　　　　　　　米

【形制描述】　近长方形銎，銎端无箍，近銎
　　　　　　　口处有一钉孔，刃部两侧略外
　　　　　　　撇。

【发表出处】　［7］图七，1

5

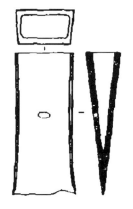

【出土地点】　孟塬乡

【尺　　寸】　通长7.8、銎径2.7×1.3厘米

【形制描述】　长方形銎，銎端无箍，中部有
　　　　　　　一钉孔。刃部两侧略外撇。

【发表出处】　［7］图七，2

6

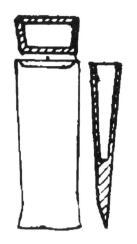

【出土地点】	中卫县狼窝子坑M2：3
【尺　　寸】	通长9.6、銎径3.6×1.8、刃宽 3.6厘米
【形制描述】	长方形銎，銎端无箍，銎内留 有残木柄，无钉孔。偏刃，偏 刃一面刃末端有折棱，刃部两 侧略外撇。
【发表出处】	［5］图五，1

7

【出土地点】	石喇村
【尺　　寸】	通长6.5、刃宽3.3厘米
【形制描述】	长方形銎，銎端无箍，近銎 口处有一钉孔。刃部两侧略 外撇。
【发表出处】	［2］图三

8

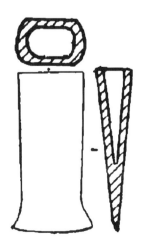

【出土地点】	中卫县狼窝子坑M4：2
【尺　　寸】	通长9、銎长3.9、刃宽4.5厘米
【形制描述】	近长方形銎，銎端无箍，无钉 孔。偏刃，偏刃一面刃末端有 折棱，刃部两侧外撇。
【发表出处】	［5］图五，2

9

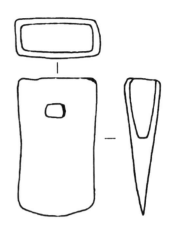

【出土地点】 王大户M6：14

【尺　　寸】 通长4.4厘米

【形制描述】 近长方形銎，銎端无箍，无钉
孔。偏刃，偏刃一面刃末端有
折棱，刃部两侧外撇。

【发表出处】 ［20］第199页

10

【出土地点】 西吉县白崖半子沟村

【尺　　寸】 通长9.6、刃宽4.3厘米

【形制描述】 长方形銎，銎端有箍，无钉
孔。偏刃略弧，刃部两侧略
内收。

【发表出处】 ［7］图七，3

11

【出土地点】 田洼村

【尺　　寸】 通长9.3、钉孔径1.3×1.1、刃
宽6.4厘米

【形制描述】 长方形銎，銎端有箍。近銎口
处有一较大钉孔。偏刃略弧，
刃部两侧略内收。

【发表出处】 ［7］图七，4

12

【出土地点】 固原县

【尺　　寸】 通长10.2、刃宽4厘米

【形制描述】 长方形銎，銎端有箍。近銎口
处有一钉孔。刃部两侧平直。

【发表出处】 ［7］图七，11

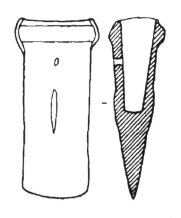

13

【出土地点】 苋麻村

【尺　　寸】 通长3、銎径1.2×0.4、刃宽
1.3厘米

【形制描述】 近长方形銎，銎端无箍，中部
有一钉孔。偏刃，刃部两侧略
内收。

【发表出处】 ［17］图四，6

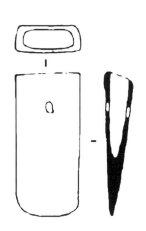

14

【出土地点】 米塬村

【尺　　寸】 通长12、刃宽3.4厘米

【形制描述】 长方形銎，銎端无箍，中部有
一钉孔。刃部两侧略内收。

【发表出处】 ［17］图三，12

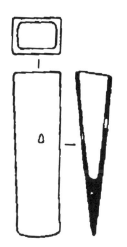

15

【出土地点】	王大户 M3：14
【尺　　寸】	通长 3.2 厘米
【形制描述】	近长方形銎，銎端无箍，无钉 孔。偏刃，偏刃一面刃末端有 折棱，刃部两侧外撇。
【发表出处】	［20］第 62 页

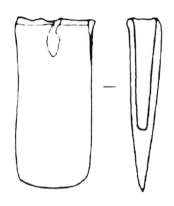

16

【出土地点】	王大户 M5：7
【尺　　寸】	通长 4.8 厘米
【形制描述】	近长方形銎，銎端无箍，无钉 孔。偏刃，偏刃一面刃末端有 折棱，刃部两侧外撇。
【发表出处】	［20］第 180 页

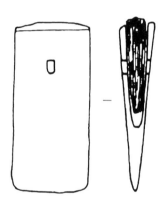

17

【出土地点】	王大户 M4：44
【尺　　寸】	通长 5.6 厘米
【形制描述】	近长方形銎。銎端无箍，无钉 孔。偏刃，偏刃一面刃末端有 折棱，刃部两侧外撇。
【发表出处】	［20］第 125 页

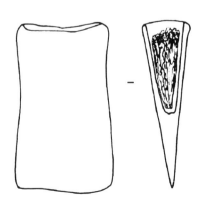

宁夏东周北方青铜器

九、凿

1

【出土地点】 杨郎乡马庄ⅠM4：24

【尺　　寸】 通长4.6、身宽1厘米

【形制描述】 近长方形銎，銎端有箍，近銎
口处有一钉孔，偏刃，刃部两
侧略内收。

【发表出处】 ［11］图一六，13

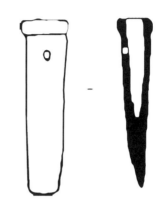

2

【出土地点】 张街村

【尺　　寸】 通长5.6、身宽1.5厘米

【形制描述】 正方形銎，銎端有箍，近銎口
处有一钉孔，刃部两侧平直。

【发表出处】 ［18］图七，7

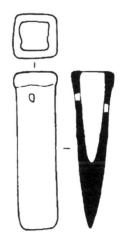

3

【出土地点】　中卫县狼窝子坑 M3 ： 6

【尺　　寸】　通长 10.1、銎径 1.8 × 1.8、刃宽 1.4 厘米

【形制描述】　正方形銎，銎端无箍，近銎口处有一钉孔，偏刃，偏刃一面刃末端有折棱，刃部两侧略内收。

【发表出处】　［5］图五，3

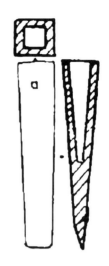

4

【出土地点】　撒门村 M3

【尺　　寸】　通长 2.5、身宽 1 厘米

【形制描述】　长方形銎，銎端无箍，銎内有朽木残迹，无钉孔，刃部两侧平直。

【发表出处】　［7］图七，7

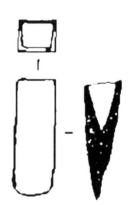

5

【出土地点】　石喇村

【尺　　寸】　通长 4.6、刃宽 1 厘米

【形制描述】　长方形銎，銎端无箍，銎内有朽木残迹，刃部两侧内收。

【发表出处】　［2］图六

6

【出土地点】　于家庄M4：7

【尺　　寸】　通长6.5厘米

【形制描述】　圆角长方形銎，銎端无箍，近
　　　　　　　銎口处有一钉孔，刃部两侧略
　　　　　　　内收。

【发表出处】　［16］图一一，15

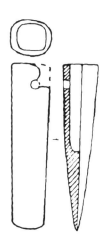

7

【出土地点】　于家庄SM4：25

【尺　　寸】　通长5.8、銎径1.1×1厘米

【形制描述】　长方形銎，銎端无箍，近銎口
　　　　　　　处有一扁圆钉孔，刃部两侧略
　　　　　　　内收。

【发表出处】　［16］图一，16

8

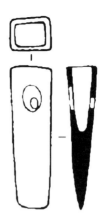

【出土地点】　张街村 M2

【尺　　寸】　通长 3.7、身宽 1.1 厘米

【形制描述】　正方形銎，銎端无箍，无钉
孔，刃部两侧略内收。

【发表出处】　[18]图七，6

9

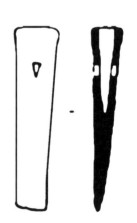

【出土地点】　杨郎乡马庄 I M6：27

【尺　　寸】　通长 6.7、身宽 1.3 厘米

【形制描述】　长方形銎，銎端无箍，近銎口
处有一三角钉孔，刃部两侧略
内收。

【发表出处】　[11]图一六，9

十、针管

1

【出土地点】	于家庄M16：21
【尺　　寸】	通长6、宽1.7厘米
【形制描述】	长方口，背面有长方形镂孔。正面饰"Z"形纹，中间有一道凹槽。
【发表出处】	[16]图一五，13

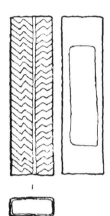

2

【出土地点】	杨郎乡马庄Ⅲ M1：44
【尺　　寸】	通长6.1，宽2.2厘米
【形制描述】	长方口、背面有不规则长条形镂孔。正面饰"Z"形纹，两端各有两道凹弦纹，中间有一道凹槽。
【发表出处】	[11]图一七，2

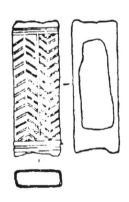

3

【出土地点】 张街村 M3：17

【尺　　寸】 通长6.3、宽1.1厘米

【形制描述】 长方口，背面有不规则长条
形镂孔。正面有一竖排方形
钉孔。

【发表出处】 ［18］图七，10

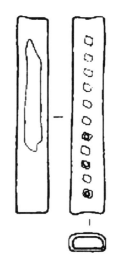

4

【出土地点】 于家庄 SM3：1

【尺　　寸】 通长8厘米

【形制描述】 长方口，无镂孔。正面饰折线
纹，两端各有一横凹槽。出土
时管内装有两根骨针。

【发表出处】 ［16］图一五，9

5

【出土地点】 彭堡撒门村墓地

【形制描述】 长方口，无镂孔。正面饰少量麦穗纹。

【发表出处】 ［7］图一四，14

6

【出土地点】 杨郎乡马庄Ⅱ M16：14

【尺　　寸】 通长7.4、宽2.5厘米

【形制描述】 长方口，无镂孔，背面未完全闭合。正面饰斜向平行凹槽纹。

【发表出处】 ［11］图一七，1

7

【出土地点】 于家庄 M15

【尺　　寸】 通长5.8、宽1.1厘米

【形制描述】 长方口，无镂孔。通体饰横"8"字形纹，两端各有一道弦纹。出土时内装皮条包裹的骨针。

【发表出处】 ［16］图一五，11

8

【出土地点】 杨郎多马庄Ⅱ M17∶5

【尺　　寸】 通长7.5、宽1.6厘米

【形制描述】 长方口，无镂孔。正面饰方格
　　　　　　条带纹和圆形、半圆形纹。

【发表出处】 ［11］图一七，3

9

【出土地点】 彭堡撒门村

【尺　　寸】 通长5.3厘米

【形制描述】 半椭圆口。素面。

【发表出处】 ［7］图一四，12

10

【出土地点】 陈阳川M3

【尺　　寸】 通长10、直径1.2—1.3厘米

【形制描述】 圆口。素面。出土时内壁发现
　　　　　　装有骨针。

【发表出处】 ［15］图六，4

11

【出土地点】 张街村 M3

【尺　　寸】 通长9.2、直径1.2厘米

【形制描述】 圆口。素面。饰少量浅凹弦纹。

【发表出处】 [18] 图七，12

12

【出土地点】 彭阳米沟166

【尺　　寸】 通长9.5厘米

【形制描述】 圆口。素面。饰少量浅凹弦纹。

【发表出处】 [20] 第769页

13

【出土地点】 彭阳县官台村

【尺　　寸】 通长5.2厘米

【形制描述】 圆口。通体饰弦纹。

【发表出处】 ［13］图一，11

14

【出土地点】 于家庄M12

【尺　　寸】 通长4.7、直径0.9厘米

【形制描述】 圆口。通体饰弦纹。

【发表出处】 ［16］图一五，10

15

【出土地点】　米塬村

【尺　　寸】　通长9.5厘米

【形制描述】　圆口。通体饰弦纹。

【发表出处】　［17］图三，19

16

【出土地点】　于家庄

【尺　　寸】　通长9.5厘米

【形制描述】　圆口。通体饰弦纹。

【发表出处】　［19］第199页左

17

【出土地点】 张街村

【尺　　寸】 通长7.5、直径1厘米

【形制描述】 圆口。通体饰弦纹，间饰两道
　　　　　　 三角纹。

【发表出处】 ［17］图二，7

18

【出土地点】 王大户M6 ： 15

【尺　　寸】 通长4.1厘米

【形制描述】 圆口。通体饰弦纹。

【发表出处】 ［20］第203页

19

【出土地点】 王大PM7 ： 22

【尺 寸】 通长9.8厘米

【形制描述】 圆口。通体饰弦纹。

【发表出处】 ［20］第220页

20

【出土地点】 中庄M1 ： 16

【尺 寸】 通长9厘米

【形制描述】 圆口。通体饰弦纹。

【发表出处】 ［20］第442页

21

【出土地点】　张街村M3

【尺　　寸】　通长11.5、直径1.1厘米

【形制描述】　圆口。铸缝明显。通体以弦纹
　　　　　　　为底，上饰网格纹。出土时管
　　　　　　　内装有3枚骨针。

【发表出处】　［18］图七，8

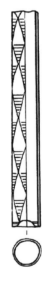

22

【出土地点】　彭阳米沟167

【尺　　寸】　通长10厘米

【形制描述】　圆口。通体饰弦纹和网格纹。

【发表出处】　［20］第760页

23

【出土地点】 河川乡上台村芦沟子嘴

【尺　　寸】 通长11厘米

【形制描述】 圆口。通体以弦纹为底，上饰
　　　　　　三角纹。

【发表出处】 ［7］图一四，15

24

【出土地点】 杨郎乡马庄Ⅲ M16：13

【尺　　寸】 通长6.1、直径1.2厘米

【形制描述】 圆口。通体饰弦纹间网格纹。

【发表出处】 ［11］图一七，4

25

【出土地点】 杨郎乡马庄Ⅰ M3：11

【尺　　寸】 残长8.7、直径0.85厘米

【形制描述】 圆口。通体饰弦纹和网格纹。
整体略残。

【发表出处】 ［11］图一七，5

26

【出土地点】 固原县北十里三队

【尺　　寸】 通长12.4、直径2.1厘米

【形制描述】 圆口。通体呈竹节状，饰弦纹。

【发表出处】 ［19］第199页右下

十一、锥

1

【出土地点】 于家庄M4：1

【尺　寸】 通长8厘米

【形制描述】 一端扁刃，另一端呈尖锥状。中间呈四棱形。

【发表出处】 ［16］图一一，11

2

【出土地点】 撒门村墓地

【尺　寸】 通长5.7厘米

【形制描述】 一端呈方形，另一端呈尖锥状。

【发表出处】 ［13］图三，5

3

【出土地点】　杨郎乡马庄 I M1：33

【尺　　寸】　通长5.5厘米

【形制描述】　一端略扁圆，另一端呈尖锥状。
　　　　　　　两端均经磨制，有使用痕迹。

【发表出处】　［11］图一七，7

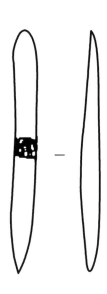

4

【出土地点】　杨郎乡马庄 I M5：23

【尺　　寸】　通长4.4厘米

【形制描述】　一端扁刃，另一端呈尖锥状。
　　　　　　　均有使用痕迹。

【发表出处】　［11］图一七，8

5

【出土地点】 杨郎乡马庄Ⅱ M16 ： 7

【尺　　寸】 通长7.9厘米

【形制描述】 一端扁刃，另一端呈尖锥状。
　　　　　　 均有使用痕迹。

【发表出处】 〔11〕图一七，15

6

【出土地点】 王大户 M3 ： 5

【尺　　寸】 通长7.3厘米

【形制描述】 一端扁刃，另一端呈尖锥状。

【发表出处】 〔20〕第82页

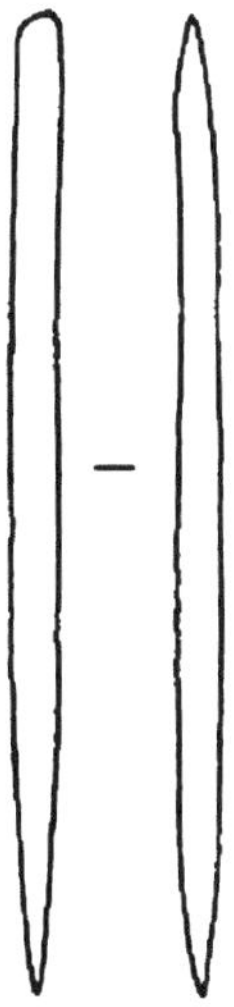

7

【出土地点】　　王大户 M6 ： 18

【尺　　寸】　　通长 7.6 厘米

【形制描述】　　一端扁刃，另一端呈尖锥状。

【发表出处】　　［20］第 199 页

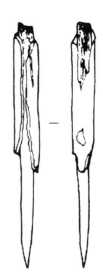

8

【出土地点】　　王大户 M7 ： 31

【尺　　寸】　　通长 6.8 厘米

【形制描述】　　一端扁刃，另一端呈尖锥状。

【发表出处】　　［20］第 220 页

车马器类

一、当卢与马面饰

1

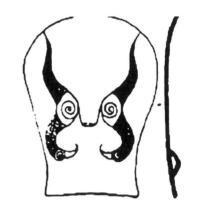

【出土地点】 中宁县倪丁村 M2：7

【尺　　寸】 通长 8.8、宽 7.2 厘米

【形制描述】 近似鞋底前半部形状的当卢。正面略鼓。平直的一端背有一对桥钮。饰首相对、头朝下的两只鹰，头部较写实。

【发表出处】 ［4］图四，3

【备　　注】 原报告称为"当卢"。

2

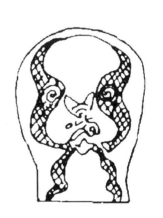

【出土地点】 中卫县狼窝子坑 M3：15

【尺　　寸】 通长 8.7、前端宽 6.7、后端宽 4.9、钮距为 1.9 厘米

【形制描述】 近似鞋底前半部形状的当卢。背有两钮。饰首相对的两只鹰，细节不清。

【发表出处】 ［5］图六，2

【备　　注】 原报告称为"人面蛇身铜牌"。

3

【出土地点】　中宁县倪丁村M2：6

【尺　　寸】　通长10.4、宽8厘米

【形制描述】　近似鞋底前半部形状的当卢。
正面略鼓。平直的一端背有一
对桥钮。饰首相对、头朝下的
两只鹰，头部较写实。

【发表出处】　［4］图版壹，8

4

【出土地点】　中宁县倪丁村M2：4

【尺　　寸】　通长21厘米

【形制描述】　鞋底形当卢，整体狭长。正面
略鼓。背上下各有一对桥钮。
饰一周三角纹，上端有一对眼
睛的图案。

【发表出处】　［4］图四，4

【备　　注】　原报告称为"当卢"。

5

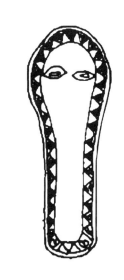

【出土地点】	中卫县狼窝子坑M3：11
【尺　　寸】	通长22.7、前端宽8.7、中间宽4.8、后端宽5.1、前端钮距为4、后端钮距为2.3、前后钮距为13厘米
【形制描述】	鞋底形当卢,整体狭长。正面略鼓,背上下各有一对桥钮。饰一周三角纹,上端有一对眼睛的图案。
【发表出处】	［5］图六,5
【备　　注】	原报告称为"人面蛇纹铜牌"。

6

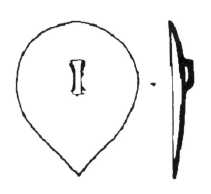

【出土地点】	陈阳川村
【尺　　寸】	通长9.4、宽8厘米
【形制描述】	外侧带钮马面饰,短圆叶形。正面略鼓,有一桥形竖钮。素面。
【发表出处】	［15］图九,2。
【备　　注】	原报告称为"当卢"。

7

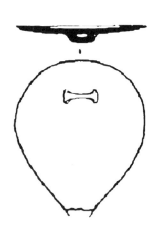

【出土地点】　陈阳川村

【尺　　寸】　残长8.4、宽7.8厘米

【形制描述】　外侧带钮马面饰，短圆叶形。
　　　　　　　正面略鼓，有一桥形横钮。素
　　　　　　　面。

【发表出处】　［15］图九，3

【备　　注】　原报告称为"当卢"。

8

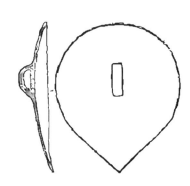

【出土地点】　陈阳川村

【尺　　寸】　通长9.2、宽8厘米

【形制描述】　外侧带钮马面饰，短圆叶形。
　　　　　　　正面略鼓，有一桥形横钮。
　　　　　　　素面。

【发表出处】　［10］图一，8

【备　　注】　原报告称为"桃形牌饰"。

9

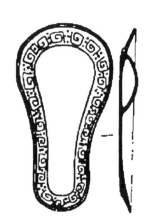

【出土地点】　孟塬村

【尺　　寸】　通长约6.5厘米

【形制描述】　内侧带钮马面饰，近似柳叶
　　　　　　　形。正面较鼓，背上端有一桥
　　　　　　　形钮。饰一周云雷纹。

【发表出处】　［7］图一○，9

【备　　注】　原报告称为"铜牌饰"。

10

【出土地点】	苋麻村
【尺　　寸】	通长5.6、宽2.6厘米
【形制描述】	内侧带钮马面饰，近似柳叶形。正面较鼓，背上端有一桥形钮。饰一周弦纹。
【发表出处】	［17］图四，5
【备　　注】	原报告称为"当卢"。

11

【出土地点】	陈阳川村
【尺　　寸】	通长8.2、宽为4.7厘米
【形制描述】	内侧带钮马面饰，近似柳叶形。正面略鼓，剖面呈三角形，背上端有一桥形钮。饰两周弦纹。
【发表出处】	［10］图一，3
【备　　注】	原报告称为"当卢"。

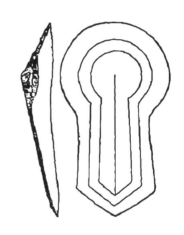

12

【出土地点】	陈阳川村
【尺　　寸】	通长8.1、宽4.6厘米
【形制描述】	内侧带钮马面饰，近似柳叶形。中起脊。正面略鼓。剖面呈三角形，背上端有一桥形钮。饰两周弦纹。
【发表出处】	［15］图九，4
【备　　注】	原报告称为"当卢"。

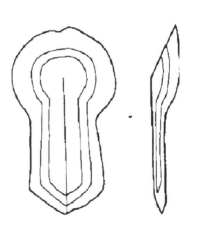

13

【出土地点】　彭阳米沟150

【尺　　寸】　通长10.5厘米

【形制描述】　内侧带钮马面饰，近似柳叶
　　　　　　　形。正面较鼓，背上端有一桥
　　　　　　　形钮。

【发表出处】　［20］第761页

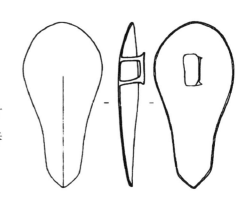

14

【出土地点】　三营村

【尺　　寸】　通长12厘米

【形制描述】　内侧带钮马面饰，近似柳叶
　　　　　　　形，中起脊。正面较鼓，背上
　　　　　　　端有一桥形钮。饰一周方点纹。

【发表出处】　［7］图一〇，8

【备　　注】　原报告称为"铜牌饰"。

15

【出土地点】　杨郎乡马庄Ⅲ M4：96

【尺　　寸】　通长7.3、宽4.7厘米

【形制描述】　内侧带钮马面饰，近似柳叶
　　　　　　　形，末端略残。正面略鼓，背
　　　　　　　上端有一桥形钮。素面。

【发表出处】　［11］图二〇，15

【备　　注】　原报告称为"当卢"。

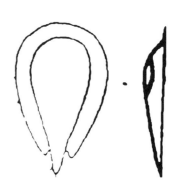

16

【出土地点】	彭阳米沟155
【尺　　寸】	通长10.4厘米
【形制描述】	内侧带钮马面饰，近似柳叶形。正面略鼓，背上端有一桥形钮。
【发表出处】	［20］第760页

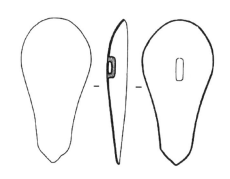

17

【出土地点】	米塬村
【尺　　寸】	残长5.8厘米
【形制描述】	内侧带钮马面饰，近似柳叶形，末端残。正面略鼓，上端正中有一凸泡，泡背有一桥形钮。
【发表出处】	［17］图三，4
【备　　注】	原报告称为"当卢"。

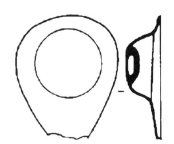

18

【出土地点】	彭阳米沟138
【尺　　寸】	通长8.6厘米
【形制描述】	内侧带钮马面饰，近似柳叶形，中起脊。正面略鼓，上端正中有一凸泡，泡背有一桥形钮。
【发表出处】	［20］第778页

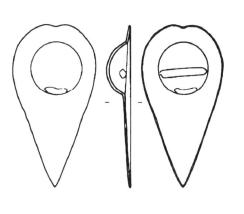

19

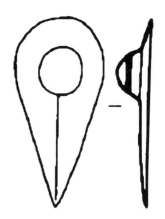

【出土地点】　张街村

【尺　　寸】　通长9厘米

【形制描述】　内侧带钮马面饰，近似柳叶
形，中起脊。正面略鼓，上端
正中有一凸泡，泡背有一桥
形钮。

【发表出处】　［17］图一，16

【备　　注】　原报告称为"当卢"。

20

【出土地点】　杨郎乡马庄

【尺　　寸】　通长8.5、宽4.2厘米

【形制描述】　内侧带钮马面饰，近似柳叶
形，中起脊。正面略鼓，上端
正中有一凸泡，泡背有一桥形
钮。饰一周卷云纹。

【发表出处】　［19］第164页

【备　　注】　原图录称为"当卢"。

21

【出土地点】　吕坪村

【尺　　寸】　通长16、管高3、管径0.8厘米

【形制描述】　内侧带钮马面饰，近似柳叶
　　　　　　　形。外部扁平，上端正中有一
　　　　　　　凸管，管背有一钮。上端饰兽
　　　　　　　头图案。

【发表出处】　［9］图二，1

【备　　注】　原报告称为"当卢"。

22

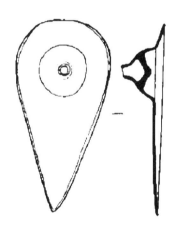

【出土地点】　张街村

【尺　　寸】　通长10.1厘米

【形制描述】　内侧带钮马面饰，近似柳叶
　　　　　　　形。正面略鼓，上端正中有一
　　　　　　　凸管，管内有一钮。素面。

【发表出处】　［17］图一，6

【备　　注】　原报告称为"当卢"。

23

【出土地点】 彭阳米沟156

【尺　　寸】 通长12.1厘米

【形制描述】 内侧带钮马面饰,近似柳叶形。正面略鼓,上端正中有一凸管。

【发表出处】 [20]第783页

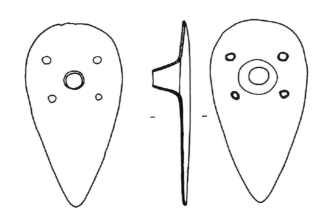

24

【出土地点】 张街村

【尺　　寸】 通长10、宽6.3厘米

【形制描述】 内侧带钮马面饰,近似柳叶
形。中起脊,末端圆钝。正面
略鼓,上端正中有一凸管,管
背有一钮。素面。

【发表出处】 [17]图一,8

【备　　注】 原报告称为"当卢"。

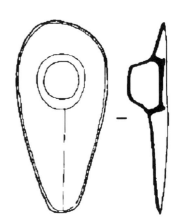

25

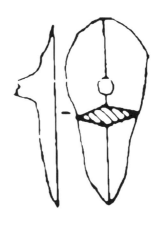

【出土地点】	中卫县狼窝子坑 M1 ： 6
【尺　　寸】	通长 10.6、上宽 4.1、管高 2.1、 管径 1.3 厘米
【形制描述】	内侧带钮马面饰，近似柳叶 形，中起脊。正面略鼓，上端 正中有一凸管，管内有一钮。 素面。
【发表出处】	［5］图五，6
【备　　注】	原报告称为"柳叶形铜饰"。

26

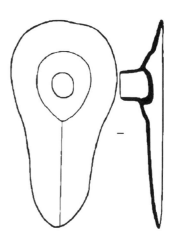

【出土地点】	张街村 M2
【尺　　寸】	通长 9.7、宽 5.2 厘米
【形制描述】	内侧带钮马面饰，近似柳叶 形，中起脊。正面略鼓，上端 正中有一凸管，管内有一钮。 素面。
【发表出处】	［18］图一〇，3
【备　　注】	原报告称为"当卢"。

车马器类

27

【出土地点】 吕坪村

【尺　　寸】 通长8.3、管高1.5、管径0.9厘米

【形制描述】 内侧带钮马面饰，近似柳叶
形。正面略鼓，上端正中有一
凸管，管背有一竖钮。素面。

【发表出处】 ［9］图二，3

【备　　注】 原报告称为"当卢"。

28

【出土地点】 河川乡上台村芦子沟嘴

【尺　　寸】 通长8.4、宽4.4、管高3厘米

【形制描述】 内侧带钮马面饰，近似柳叶
形，中起脊。正面略鼓，上端
正中有一长凸管，管背有一
钮。素面。

【发表出处】 ［7］图一○，14

【备　　注】 原报告称为"铜牌饰"。

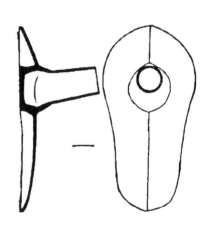

29

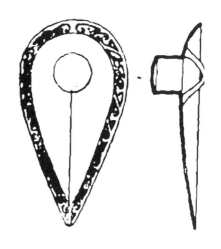

【出土地点】 杨郎乡马庄ⅠM14：4

【尺　　寸】 通长10.8、宽6厘米

【形制描述】 内侧带钮马面饰，近似柳叶
　　　　　　形，中起脊。正面略鼓。上部
　　　　　　正中有一凸管，管背有一钮。
　　　　　　饰一周卷云纹。

【发表出处】 ［11］图二〇，11

【备　　注】 原报告称为"当卢"。

30

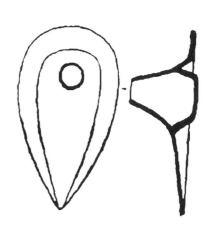

【出土地点】 杨郎乡马庄ⅢM4：89

【尺　　寸】 通长9.8、宽5.5厘米

【形制描述】 内侧带钮马面饰，近似柳叶
　　　　　　形。外部扁平。中间略鼓。上
　　　　　　部正中有一长凸管。管背有一
　　　　　　钮。素面。

【发表出处】 ［11］图二〇，13

【备　　注】 原报告称为"当卢"。

31

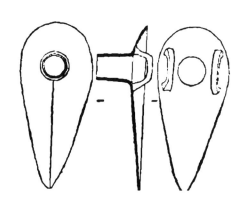

【出土地点】 杨郎乡马庄ⅢM5：24

【尺　　寸】 通长11、宽5厘米

【形制描述】 内侧带钮马面饰，近似柳叶
　　　　　　形，中起脊。正面略鼓，上端
　　　　　　正中有一长凸管，背有两竖
　　　　　　钮。素面。

【发表出处】 ［11］图二〇，12

【备　　注】 原报告称为"当卢"。

32

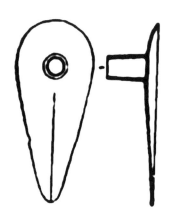

【出土地点】 杨郎乡马庄ⅢM5：33

【尺　　寸】 通长11、宽4.7厘米

【形制描述】 内侧带钮马面饰，近似柳叶
　　　　　　形，中起脊。正面略鼓，上端
　　　　　　正中有一长凸管，管背有一横
　　　　　　钮。素面。

【发表出处】 ［11］图二〇，14

【备　　注】 原报告称为"当卢"。

33

【出土地点】 鸦儿沟

【形制描述】 内侧带钮马面饰,圆形。外部
扁平,正中有一凸管。素面。

【发表出处】 ［1］图九,5

【备 注】 原报告称"凸管圆牌饰"。

34

【出土地点】 鸦儿沟

【尺 寸】 直径3.4、管径1.3厘米

【形制描述】 内侧带钮马面饰,圆形。外部
扁平,正中有一凸管。素面。

【发表出处】 ［1］图九,7

【备 注】 原报告称"凸管圆牌饰"。

35

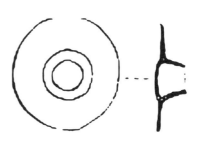

【出土地点】 固原县

【形制描述】 内侧带钮马面饰,圆形。外部
扁平,正中有一凸管,凸管背
有一竖钮。素面。

【发表出处】 ［3］图四,7

【备 注】 原报告称"牌饰"。

36

【出土地点】　鸦儿沟

【尺　　寸】　通长8.9、上端宽6.6、管高
　　　　　　　2.2—2.4、管径1.6—1.8厘米

【形制描述】　内侧带钮马面饰，上端呈圆
　　　　　　　形，下端呈圭形。外部扁平。
　　　　　　　上端正中有一凸管，管背有竖
　　　　　　　钮。素面。

【发表出处】　［1］图九，4

【备　　注】　原报告称"凸管形牌饰"。

37

【出土地点】　鸦儿沟

【尺　　寸】　通长6.6、上端宽3.9厘米

【形制描述】　内侧带钮马面饰，上端呈圆
　　　　　　　形，下端呈圭形。外部扁平。
　　　　　　　上端正中有一凸管，管背有一
　　　　　　　竖钮。饰一周方点纹。

【发表出处】　［1］图九，6

【备　　注】　原报告称"凸管形牌饰"。

二、铃

1

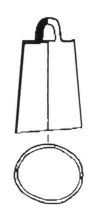

【出土地点】 撒门村M2

【尺　　寸】 通高7.6厘米

【形制描述】 弧形桥钮，椭圆形口。

【发表出处】 ［7］图八，3

【备　　注】 尺寸根据器物图比例计算。

2

【出土地点】 撒门村M2

【尺　　寸】 通高8厘米

【形制描述】 弧形桥钮，椭圆形口。

【发表出处】 ［7］图八，4

【备　　注】 尺寸根据器物图比例计算。

3

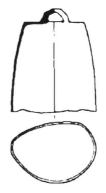

【出土地点】 孟塬乡

【尺　　寸】 通高10.4厘米

【形制描述】 弧形桥钮，不规则椭圆形口。

【发表出处】 ［7］图八，10

【备　　注】 尺寸根据器物图比例计算。

4

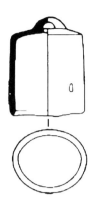

【出土地点】　官台村

【尺　　寸】　通高5.4、口径4厘米

【形制描述】　弧形桥钮，椭圆形口。钮下有
　　　　　　　一长方形孔，铃身有两镂孔。

【发表出处】　［13］图一，9

5

【出土地点】　彭阳米沟160

【尺　　寸】　通高5.5厘米

【形制描述】　弧形桥钮，椭圆形口。钮下有
　　　　　　　一长方形孔，铃身有两镂孔。

【发表出处】　［20］第799页

6

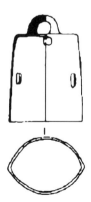

【出土地点】　白岔村

【尺　　寸】　通高10、口径9厘米

【形制描述】　弧形桥钮，叶形口。钮下有一
　　　　　　　方形孔，铃身有品字形排列的
　　　　　　　三镂孔。

【发表出处】　［17］图六，5

宁夏东周北方青铜器

7

【出土地点】　王大户M2

【尺　　寸】　通高5.7厘米

【形制描述】　弧形桥钮，椭圆形口。钮下有
　　　　　　　一不规则孔。铃身有四镂孔。

【发表出处】　［20］第66页

8

【出土地点】　王大户M3

【尺　　寸】　通高5.4厘米

【形制描述】　弧形桥钮，椭圆形口。钮下有
　　　　　　　一长方形孔。

【发表出处】　［20］第84页

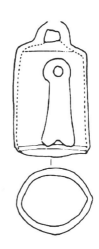

9

【出土地点】　彭阳米沟161

【尺　　寸】　通高5.3厘米

【形制描述】　弧形桥钮，椭圆形口。钮下有
　　　　　　　一长方形孔。铃身有两镂孔。

【发表出处】　［20］第799页

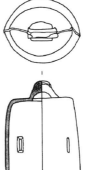

10

【出土地点】 杨郎乡马庄Ⅰ M14：11

【尺　　寸】 通高7.7，口径4.5厘米

【形制描述】 弧形桥钮，叶形口。钮下有一孔，铃身有两镂孔。

【发表出处】 ［11］图二二，12

11

【出土地点】 固原县

【形制描述】 弧形桥钮，叶形口。钮下有一方形孔，铃身两侧有两长条镂孔。

【发表出处】 ［3］图三，1

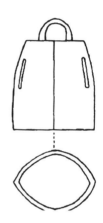

12

【出土地点】 杨郎乡马庄Ⅲ M14：73

【尺　　寸】 通高8、口径6.5厘米

【形制描述】 弧形桥钮，叶形口。钮下有一孔，铃身有品字形排列的三镂孔。

【发表出处】 ［11］图二二，16

13

【出土地点】	杨郎乡马庄Ⅲ M4
【尺　寸】	通高16、口径12.4厘米
【形制描述】	弧形桥钮，叶形口。钮下有一孔，铃身有品字形排列的三镂孔。
【发表出处】	［11］图二二，17

14

【出土地点】	于家庄M11：1
【尺　寸】	通高4.7厘米
【形制描述】	弧形桥钮，叶形口。钮下有一椭圆形孔，铃身一侧有一镂孔。
【发表出处】	［16］图一二，6

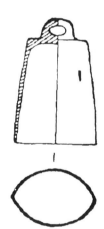

15

【出土地点】	杨郎乡马庄
【尺　寸】	通高11、上口径5.5、下口径6.8厘米
【形制描述】	弧形桥钮，叶形口。钮下有一长方形孔，铃身有品字形排列的三镂孔。
【发表出处】	［19］第171页左

16

【出土地点】 杨郎乡马庄

【尺　　寸】 通高7.2、上口径3.6、下口径
5.2厘米

【形制描述】 弧形桥钮，叶形口。钮下有一
孔，铃身有品字形排列的三镂
孔。

【发表出处】 ［19］第173页中

17

【出土地点】 杨郎乡马庄

【尺　　寸】 通高7.2、上口径3.6、下口径
5.2厘米

【形制描述】 弧形桥钮，叶形口。钮下有一
孔，铃身有镂孔。

【发表出处】 ［19］第173页左

18

【出土地点】 杨郎乡马庄

【尺　　寸】 通高16.3、上口径9、下口径
12厘米

【形制描述】 弧形桥钮，叶形口。钮下有一
孔，铃身有镂孔。

【发表出处】 ［19］第171页右

19

【出土地点】	固原县
【尺　　寸】	通高6.7、上口径4、下口径5.5厘米

【形制描述】	弧形桥钮，叶形口。钮下有一孔，铃身有镂孔。
【发表出处】	［19］第173页右

20

【出土地点】	杨郎乡马庄
【尺　　寸】	通高16.3、上口径9、下口径12厘米

【形制描述】	弧形桥钮，叶形口。钮下有一孔，铃身有品字形排列的三镂孔。
【发表出处】	［19］第174页左

21

【出土地点】	固原县
【尺　　寸】	通高13.6、口径11.2厘米
【形制描述】	弧形桥钮，叶形口。钮下有一孔。

【发表出处】	［19］第174页右

22

【出土地点】　撒门村 M1

【尺　　寸】　通高 6.5、口径 5 厘米

【形制描述】　弧形桥钮,菱形口。钮下有一
　　　　　　　圆形孔。

【发表出处】　［13］图二,2

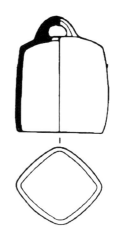

23

【出土地点】　张街村 M2

【尺　　寸】　通高 6.3、口径 4.4 厘米

【形制描述】　弧形桥钮,菱形口。钮下有一
　　　　　　　长方形孔,铃身一侧有一镂
　　　　　　　孔。

【发表出处】　［18］图七,4

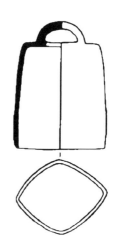

24

【出土地点】　杨郎乡马庄 I M18：2

【尺　　寸】　通高 7、口径 5.2 厘米

【形制描述】　弧形桥钮,菱形口。钮下有一
　　　　　　　孔。

【发表出处】　［11］图二二,15

25

【出土地点】	杨郎乡马庄
【尺　　寸】	通高6.5、口径4.9厘米
【形制描述】	弧形桥钮，菱形口。钮下有一
	孔，铃身有三镂孔。
【发表出处】	［19］第172页左

26

【出土地点】	杨郎乡马庄
【尺　　寸】	通高7.3、口径5厘米
【形制描述】	弧形桥钮，菱形口。钮下有一
	孔，铃身略有残缺，有两镂
	孔。
【发表出处】	［19］第172页中

27

【出土地点】	杨郎乡马庄
【尺　　寸】	通高6.2、口径5厘米
【形制描述】	弧形桥钮，菱形口。钮下有一
	孔，铃身有残缺，有镂孔。
【发表出处】	［19］第172页右

28

【出土地点】　撒门村 M2

【尺　　寸】　通高 9.2 厘米

【形制描述】　方形桥钮，椭圆形口。铃身一
　　　　　　　侧有一镂孔。

【发表出处】　［7］图八，5

【备　　注】　尺寸根据器物图比例计算。

29

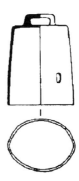

【出土地点】　白岔村

【尺　　寸】　通高 9、口径 6.8 厘米

【形制描述】　方形桥钮，椭圆形口。铃身一
　　　　　　　侧有一镂孔。

【发表出处】　［17］图六，1

30

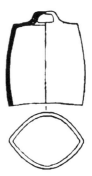

【出土地点】　撒门村 M2

【尺　　寸】　通高 17.4 厘米

【形制描述】　方形桥钮，叶形口。钮下有一
　　　　　　　圆孔。

【发表出处】　［7］图八，6

31

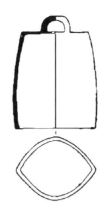

【出土地点】　撒门村 M2

【尺　　寸】　通高 19.2 厘米

【形制描述】　方形桥钮，叶形口。钮下有一
　　　　　　　圆孔。

【发表出处】　［7］图八，7

【备　　注】　尺寸根据器物图比例计算。

32

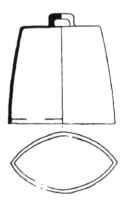

【出土地点】　撒门村 M1

【尺　　寸】　通高 18.4 厘米

【形制描述】　方形桥钮，叶形口，较扁。钮
　　　　　　　下有一圆孔。

【发表出处】　［7］图八，8

【备　　注】　尺寸根据器物图比例计算。

33

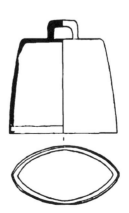

【出土地点】　撒门村 M1

【尺　　寸】　通高 16 厘米

【形制描述】　方形桥钮，叶形口，较扁。钮
　　　　　　　下有一圆孔。

【发表出处】　［7］图八，9

【备　　注】　尺寸根据器物图比例计算。

34

【出土地点】　河川乡上台村芦子沟嘴

【尺　　寸】　通高5.5、口径4厘米

【形制描述】　方形桥钮，叶形口。铃身一面
　　　　　　　有两长方形镂孔，另一面有品
　　　　　　　字形排列的三镂孔。

【发表出处】　［7］图八，11

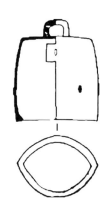

35

【出土地点】　固原县

【形制描述】　方形桥钮，菱形口，较扁。钮
　　　　　　　下有一长方形孔。铃身有两竖
　　　　　　　条形镂孔。

【发表出处】　［3］图一，3

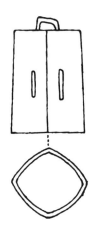

36

【出土地点】　米塬村

【尺　　寸】　通高5.4、口径3.2厘米

【形制描述】　弧形桥钮，圆形口。钮无分
　　　　　　　界，铃身均匀分布四个较大
　　　　　　　孔。

【发表出处】　［17］图三，7

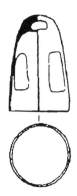

三、马衔与马镳

1

【出土地点】 于家庄SM5：9：1

【尺　　寸】 通长16厘米

【形制描述】 直柄形马衔。

【发表出处】 ［16］图一二，4

2

【出土地点】 于家庄NM2：5：1

【尺　　寸】 通长11.6厘米

【形制描述】 直柄形马衔。

【发表出处】 ［16］图一二，3

3

【出土地点】 杨郎乡马庄ⅠM7：26

【尺　　寸】 通长13、环径0.8厘米

【形制描述】 直柄形马衔。两端的圆环偏向
一侧。

【发表出处】 ［11］图二〇，16

4

【出土地点】 隆德县

【尺　　寸】 通长14厘米

【形制描述】 直柄形马衔。两端的圆环偏向
一侧。

【发表出处】 ［6］图一，3

5

【出土地点】　中卫县狼窝子坑M3：20

【尺　寸】　通长21.5厘米

【形制描述】　连环形双环首马衔。与镳相连
的外环为双环，外侧环小。

【发表出处】　[5]图五，13

6

【出土地点】　中卫县狼窝子坑M2

【尺　寸】　通长20.9厘米

【形制描述】　连环形双环首马衔。与镳相连
的外环为双环，外侧环小，为
倒三角形。

【发表出处】　[5]图五，14

7

【出土地点】　中宁县倪丁村M2

【尺　　寸】　通长20.4厘米

【形制描述】　连环形双环首马衔。与镳相连
的外环为双环，外侧环小，为
倒三角形。

【发表出处】　［4］图五

8

【出土地点】　中宁县倪丁村M2

【尺　　寸】　通长21.4厘米

【形制描述】　连环形双环首马衔。与镳相连
的外环为双环，外侧环小，为
倒三角形。

【发表出处】　［4］图五

9

【出土地点】　中卫县狼窝子坑M5 ：60

【尺　　寸】　通长20.5、杆径约1厘米

【形制描述】　连环形双环首马衔。与镳相连
　　　　　　　的外环为双环，外侧环小。

【发表出处】　［5］图五，12

10

【出土地点】　米塬村

【尺　　寸】　通长20.5厘米

【形制描述】　连环形双环首马衔。与镳相连
　　　　　　　的外环为双环，外侧环小，为
　　　　　　　倒三角形。

【发表出处】　［17］图三，6

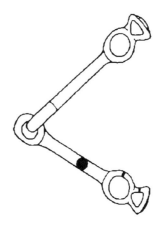

车马器类

167

11

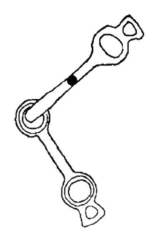

【出土地点】　杨郎乡马庄 I M11

【尺　　寸】　通长20.1、每节长9.7厘米

【形制描述】　连环形双环首马衔。与镳相连
　　　　　　　的外环为双环，外侧环小，为
　　　　　　　倒三角形。

【发表出处】　［11］图二〇，18

12

【出土地点】　杨郎乡马庄

【尺　　寸】　通长19厘米

【形制描述】　连环形双环首马衔。与镳相连
　　　　　　　的外环为双环，外侧环小，为
　　　　　　　倒三角形。

【发表出处】　［19］第170页右一

13

【出土地点】 杨郎乡马庄

【尺　　寸】 通长20.5厘米

【形制描述】 连环形双环首马衔。与镳相连
的外环为双环，外侧环小，为
倒三角形。

【发表出处】 ［19］第170页右二

14

【出土地点】 于家庄SM2：8

【尺　　寸】 通长20.5厘米

【形制描述】 连环形单环首马衔。与镳相连
的外环为单环。

【发表出处】 ［16］图一二，13

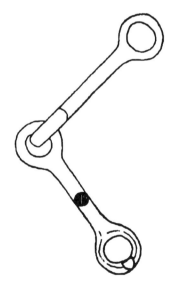

15

【出土地点】 王大户M1 ： 20

【尺　　寸】 通长20.4厘米

【形制描述】 连环形单环首马衔。与镳相连
的外环为单环。

【发表出处】 ［20］第42页

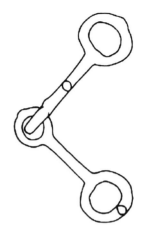

16

【出土地点】 王大户M1 ： 25

【尺　　寸】 通长20.2厘米

【形制描述】 连环形单环首马衔。与镳相连
的外环为单环。

【发表出处】 ［20］第42页

17

【出土地点】 店洼村

【尺　　寸】 通长20厘米

【形制描述】 连环形单环首马衔。与镳相连
　　　　　　的外环为单环。

【发表出处】 ［17］图七，4

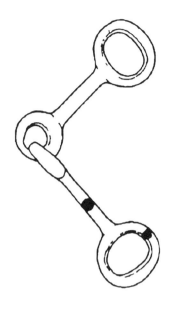

18

【出土地点】 杨郎乡马庄 I M18：9

【尺　　寸】 通长14.8、每节长7.1厘米

【形制描述】 连环形单环首马衔。与镳相连
　　　　　　的外环为单环。

【发表出处】 ［11］图二〇，17

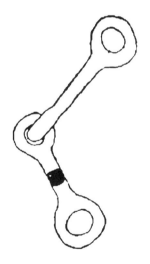

19

【出土地点】 固原县

【尺　　寸】 通长18厘米

【形制描述】 连环形单环首马衔。与镳相连
　　　　　　 的外环为单环。

【发表出处】 ［7］图九，7

20

【出土地点】 杨郎乡马庄

【尺　　寸】 通长19厘米

【形制描述】 连环形单环首马衔。与镳相连
　　　　　　 的外环为单环。

【发表出处】 ［19］第170页左一

21

【出土地点】　杨郎乡马庄

【尺　　寸】　通长19.5厘米

【形制描述】　连环形单环首马衔。与镳相连
的外环为单环。

【发表出处】　［19］第170页左二

22

【出土地点】　苋麻村

【尺　　寸】　残长9.1、环径1.8厘米

【形制描述】　S形马镳。一端残缺，另一端
弧部饰锯齿。中间一圆环连接
两扁圆形孔。

【发表出处】　［17］图四，9

23

【出土地点】　苋麻村

【尺　　寸】　通长15.9厘米

【形制描述】　S形马镳。两端弧部饰锯齿。
中间有两扁圆形孔。

【发表出处】　［17］图四，11

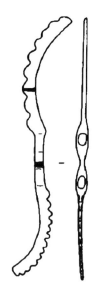

24

【出土地点】　陈阳川村

【尺　　寸】　通长15.6、宽2厘米

【形制描述】　S形马镳。两端弧部饰锯齿。
中间有两扁圆形孔。

【发表出处】　［10］图一，2

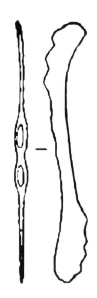

25

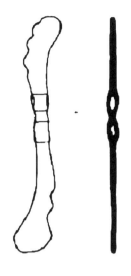

【出土地点】 陈阳川村

【尺　　寸】 通长17、宽3厘米

【形制描述】 S形马镳。两端弧部饰锯齿。
略偏向一端有两扁圆形孔。

【发表出处】 ［15］图八，4

四、节约

1

【出土地点】 米塬村

【尺　　寸】 直径2.8、高1.6、銎径1.4厘米

【形制描述】 圆形无钮。面隆起，空背，侧
面十字形分布两对椭圆形穿孔。

【发表出处】 ［17］图三，15

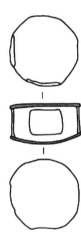

2

【出土地点】 彭阳米沟55

【尺　　寸】 直径3.5、高1.8厘米

【形制描述】 圆形无钮。面隆起，空背，侧
面十字形分布两对椭圆形穿孔。

【发表出处】 ［20］第785页

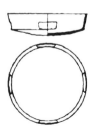

3

【出土地点】 陈阳川村

【尺　　寸】 直径5.1、高1.4厘米

【形制描述】 圆形无钮。面隆起，空背，侧
面十字形分布两对椭圆形穿孔。

【发表出处】 ［10］图一，9

4

【出土地点】　陈阳川村

【尺　　寸】　直径5.2、高1.5厘米

【形制描述】　圆形无钮。面隆起，空背，侧
面十字形分布两对椭圆形穿孔。

【发表出处】　［15］图八，3

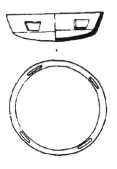

5

【出土地点】　杨郎乡马庄Ⅲ M5 ： 20

【尺　　寸】　直径4.8、高1.4厘米

【形制描述】　圆形无钮。面隆起，空背，侧
面十字形分布两对椭圆形穿孔。

【发表出处】　［11］图二〇，9

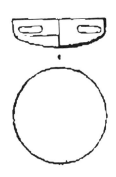

6

【出土地点】　彭阳米沟60

【尺　　寸】　直径4.4、高1.6厘米

【形制描述】　圆形无钮。面隆起，空背，侧
面十字形分布两对椭圆形穿孔。

【发表出处】　［20］第785页

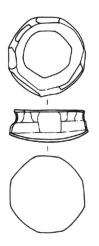

车马器类

7

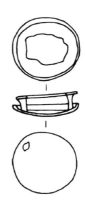

【出土地点】 彭阳米沟51

【尺　　寸】 直径2.6、高1.6厘米

【形制描述】 圆形无钮。面隆起，空背，侧
面十字形分布两对椭圆形穿孔。

【发表出处】 ［20］第785页

8

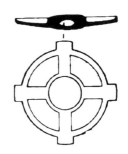

【出土地点】 撒门村M1

【尺　　寸】 直径5.3厘米

【形制描述】 圆形，内侧有一桥钮。正面稍
鼓，十字状凸连接内外圆。

【发表出处】 ［7］图一一，9

【备　　注】 原报告称"泡饰"。

9

【出土地点】 西吉县白崖半子沟村

【尺　　寸】 直径9.6厘米

【形制描述】 圆形，正中有一四爪式方钮。
正面稍鼓。

【发表出处】 ［7］图一〇，4

【备　　注】 原报告称"铜牌饰"。

10

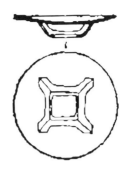

【出土地点】　杨郎乡马庄ⅠM11 : 2

【尺　　寸】　直径5.8、钮高1.2厘米

【形制描述】　圆形，正中有一四爪式方钮。
正面稍鼓。

【发表出处】　[11] 图二〇，10

11

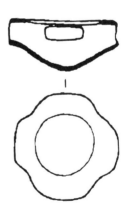

【出土地点】　苋麻村

【尺　　寸】　直径2.7、高1.2、銎径1.8厘米

【形制描述】　十字形，面隆起，空背，侧面
十字形分布两对椭圆形穿孔。
圆形銎。

【发表出处】　[17] 图四，8

车马器类

五、单柄圆牌饰

1

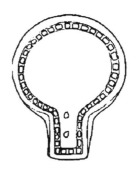

【出土地点】 米塬村

【尺　　寸】 通长9.7、圆牌径7厘米

【形制描述】 直背形圆牌，饰一周方点纹。
　　　　　　　单体直柄，有两钉孔。

【发表出处】 ［17］图三，9

【备　　注】 原报告称"圆牌饰"。

2

【出土地点】 撒门村M1

【尺　　寸】 通长7.3厘米

【形制描述】 直背形圆牌，饰一周方点纹。
　　　　　　　铲形单体直柄，背有两钮。

【发表出处】 ［7］图一〇，6

【备　　注】 原报告称"铜牌饰"。

3

【出土地点】	于家庄
【尺　　寸】	通长11、宽6.5厘米
【形制描述】	直背形圆牌，饰一周方点纹。中间有一小凸泡，铲形单体直柄，有两钉孔。
【发表出处】	［14］图八
【备　　注】	原报告称"青铜牌饰"。

4

【出土地点】	宁夏南部采集
【尺　　寸】	通长约5.5—6.6厘米
【形制描述】	直背形圆牌，素面。柄部底端有凸起。
【发表出处】	［3］图五，2
【备　　注】	原报告称"圆牌"。

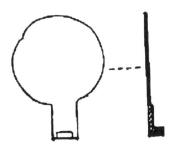

5

【出土地点】	撒门村M1
【尺　　寸】	通长约7.5厘米
【形制描述】	直背形圆牌，饰一周方点纹，背有一桥钮。铲形柄部为长方形銎孔。
【发表出处】	［7］图一〇，1
【备　　注】	尺寸根据器物图比例计算。原报告称"铜牌饰"。

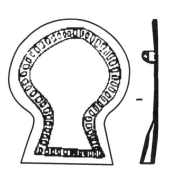

6

【出土地点】 吕坪村

【尺　　寸】 通长10.2—7.8、宽8—6.5、銎
长约5.4、约宽6.6—0.8厘米

【形制描述】 直背形圆牌，中间有一小凸
泡，背有一钮。铲形柄部为长
方形銎孔。

【发表出处】 ［9］图二，6

【备　　注】 原报告称"铲形牌饰"。

7

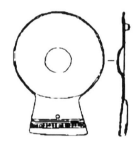

【出土地点】 张街村

【尺　　寸】 通长8.1、圆径6、銎径0.5×4
厘米

【形制描述】 直背形圆牌，中间有一小凸
泡，背有一钮。铲形柄部为长
方形銎孔，有一钉孔。正面饰
一行方点纹和弦纹。

【发表出处】 ［17］图三，9

【备　　注】 原报告称"铲形牌饰"。

8

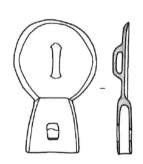

【出土地点】 中庄M1：50

【尺　　寸】 通长7.2厘米

【形制描述】 直背形圆牌，正面中间有一竖
钮。铲形柄部为长方形銎孔，
有一钉孔。

【发表出处】 ［20］第446页

9

【出土地点】	杨郎乡马庄Ⅲ M4：79
【尺　　寸】	通长12.6、宽10.2厘米
【形制描述】	直背形圆牌，饰一周方点纹，背有一钮。铲形柄部为长方形銎孔，銎背有两个钉孔。
【发表出处】	［11］图二二，1

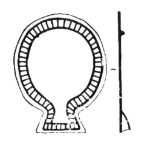

10

【出土地点】	杨郎乡马庄Ⅰ M12：32
【尺　　寸】	通长6.7、宽6.2厘米
【形制描述】	直背形圆牌，背有一钮。铲形柄部为长方形銎孔。
【发表出处】	［11］图二二，2

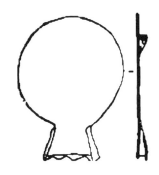

11

【出土地点】	中卫县狼窝子坑M1：17
【尺　　寸】	通长9.6、上部圆径7.5、下部柄长2.4、柄圆交接处宽3.8、柄銎径长4.4、宽0.6厘米
【形制描述】	弧背形圆牌，外侧有一横钮。铲形柄部为长方形銎孔，銎上有一钉孔。
【发表出处】	［5］图五，20

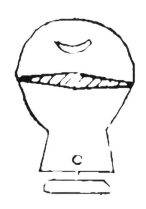

12

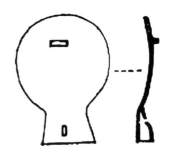

【出土地点】　宁夏南部采集

【尺　　寸】　通长约5.5—6.6厘米

【形制描述】　弧背形圆牌，外侧有一横钮。
铲形柄部为长方形銎孔，銎上
有一钉孔。

【发表出处】　［3］图五，1

【备　　注】　原报告称"圆牌"。

13

【出土地点】　杨郎乡马庄Ⅱ M17：17

【尺　　寸】　通长6.5、宽4.2厘米

【形制描述】　弧背形圆牌，外侧有一横钮。
铲形柄部为长方形銎孔。

【发表出处】　［11］图二二，3

14

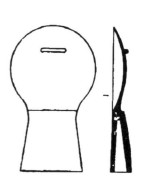

【出土地点】　西吉县白崖乡半子沟村

【尺　　寸】　通长7.7厘米

【形制描述】　弧背形圆牌，外侧有一横钮。
铲形柄部为长方形銎孔。

【发表出处】　［7］图一〇，15

【备　　注】　尺寸根据器物图比例计算。原
报告称"铜牌饰"。

15

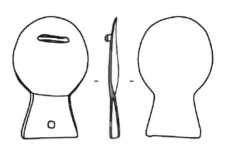

【出土地点】　彭阳米沟9

【尺　　寸】　通长8.9厘米

【形制描述】　弧背形圆牌，外侧有一横钮。
铲形柄部为长方形銎孔。

【发表出处】　［20］第798页

16

【出土地点】　彭阳米沟10

【尺　　寸】　通长8.6厘米

【形制描述】　弧背形圆牌，外侧有一横钮。
铲形柄部为长方形銎孔。

【发表出处】　［20］第798页

17

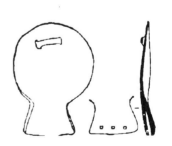

【出土地点】　杨郎乡马庄Ⅰ M18：16

【尺　　寸】　通长8.7、宽6.5厘米

【形制描述】　弧背形圆牌，外侧有一横钮。
铲形柄部为长方形銎孔，銎上
有三钉孔。

【发表出处】　［11］图二二，8

18

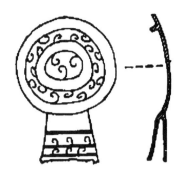

【出土地点】 宁夏南部采集

【尺　　寸】 通长约5.5—6.6厘米

【形制描述】 弧背形圆牌，饰两周谷纹，内侧有一横钮。铲形柄部为长方形銎孔，饰数道弦纹和谷纹。

【发表出处】 ［3］图五，4

【备　　注】 原报告称"圆牌"。

19

【出土地点】 彭阳县古城

【尺　　寸】 通长19.1厘米

【形制描述】 组合式。上半部分为弧背形圆牌，外侧有一竖钮。铲形柄部为长方形銎孔。圆牌下接一圆泡。

【发表出处】 ［19］第175页

【备　　注】 原报告称"圆形铜泡饰"。

六、车辕饰

1

【出土地点】 官台村

【尺　　寸】 通长12.4、銮径6.4厘米

【形制描述】 圆形剖面素面车辕饰。一端开
　　　　　　口，一端封闭。身上起棱。

【发表出处】 ［13］图一，12

2

【出土地点】 张街村

【尺　　寸】 通长12.1、前端銮径4、后端
　　　　　　銮径4.6厘米

【形制描述】 圆形剖面素面车辕饰。一端开
　　　　　　口，一端封闭。一边中间有泡
　　　　　　状凸起。另一边平直，有长方
　　　　　　形镂空槽。身有两钉孔。

【发表出处】 ［17］图二，5

车马器类

3

【出土地点】　固原县

【尺　寸】　通长17.5、銮径5.2厘米

【形制描述】　圆筒状素面车辕饰。一端开
口，一端封闭。近封口端有泡
状凸起。

【发表出处】　［19］第160页

4

【出土地点】　固原县

【尺　寸】　通长16.5、銮径4.5厘米

【形制描述】　圆筒状素面车辕饰。一端开
口，一端封闭。近封口端有泡
状凸起。

【发表出处】　［19］第160页

5

【出土地点】 白草洼村

【尺　　寸】 通长5.8、高3.2厘米

【形制描述】 近梯形筒状素面车辖饰。一端
　　　　　　 开口，一端封闭。一边有长方
　　　　　　 形镂空槽。

【发表出处】 ［17］图五，6

6

【出土地点】 白岔村

【尺　　寸】 通长10、高4.9×3厘米

【形制描述】 近梯形筒状素面车辖饰。一端
　　　　　　 开口，一端封闭。身上起棱。
　　　　　　 一边有长方形镂空槽。

【发表出处】 ［17］图六，4

车马器类

7

【出土地点】	撒门村M1
【尺　　寸】	通长12、高5、镂空槽8×3.5厘米
【形制描述】	近梯形筒状素面车辕饰。一端开口，一端封闭。身上起棱。一边有长方形镂空槽。
【发表出处】	［7］图九，5
【备　　注】	原报告称"车轴饰"。

8

【出土地点】	撒门村
【尺　　寸】	通长12.2、高5.7厘米
【形制描述】	近梯形筒状素面车辕饰。一端开口，一端封闭。身上起棱。一边有长方形镂空槽。
【发表出处】	［19］第159页

9

【出土地点】 彭阳米沟175

【尺　　寸】 通长11.4厘米

【形制描述】 近梯形筒状素面车辕饰。一端开口，一端封闭。身上起棱。一边有
两个长方形镂空槽。

【发表出处】 ［20］第799页

【备　　注】 另有一件相同器物，见同页。

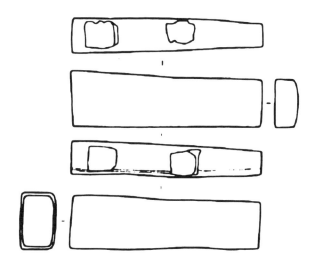

10

【出土地点】 杨郎乡马庄ⅡM14：13

【尺　　寸】 通长12.1厘米

【形制描述】 近梯形筒状素面车辕饰。一端
开口，一端封闭。中间束腰，
上有圆球形凸起，一侧有两个
钉孔。

【发表出处】 ［11］图二二，6

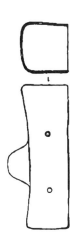

11

【出土地点】　杨郎乡马庄Ⅲ M3：2

【尺　　寸】　通长12.5厘米

【形制描述】　近梯形筒状素面车辕饰。一端
　　　　　　　开口，一端封闭。身上起棱。
　　　　　　　两侧各有六个不对称钉孔。

【发表出处】　［11］图二二，7

12

【出土地点】　彭阳县店洼村

【尺　　寸】　通长9.1、高4.5、镂空槽6×2
　　　　　　　厘米

【形制描述】　近梯形筒状素面车辕饰。一端
　　　　　　　开口，一端封闭。身上起棱。
　　　　　　　一边有长方形镂空槽。

【发表出处】　［17］图七，1

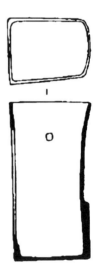

13

【出土地点】 陈阳川村

【尺　　寸】 通长13、宽5.6、高5.6×4，镂空槽长10.8×2.8厘米

【形制描述】 勾云纹车辕饰，剖面似鞋底前半部。一端开口，一端封闭。身上起棱。一边有长方形镂空槽。

【发表出处】 〔10〕图一，1

14

【出土地点】 陈阳川村

【尺　　寸】 通长13、高6.2、宽4.2厘米

【形制描述】 勾云纹车辕饰，剖面似鞋底前半部。一端开口，一端封闭。身上起棱。一边有长方形镂空槽。

【发表出处】 〔15〕图八，6

15

【出土地点】 杨郎乡马庄Ⅲ M4：3

【尺　　寸】 通长12.2、高3.8、镂孔长7厘米

【形制描述】 兽首车辕饰。一端开口，一端
　　　　　　为写实羊首。銎端有一钉孔。
　　　　　　一边有长方形镂空槽。

【发表出处】 ［11］图二二，5

16

【出土地点】 于家庄

【尺　　寸】 通长10、銎径4厘米

【形制描述】 圆筒形车辕饰。一端开口，一
　　　　　　端封闭。銎端有钉孔。

【发表出处】 ［14］图四

【备　　注】 原报告称"车轴饰"。

17

【出土地点】 杨郎乡马庄采：14

【尺　　寸】 通长9.8、高5.5厘米

【形制描述】 长方形筒状车辖饰。一端开口，一端封闭。两侧镂空。

【发表出处】 ［11］图二二，4

七、竿头饰

1

【出土地点】 撒门村

【尺　　寸】 通高4.3、銎径2×1.9厘米

【形制描述】 泡状竿头饰，端部不太规则，长方形銎。銎侧有一对穿钉孔。

【发表出处】 ［13］图二，5

2

【出土地点】 撒门村M3

【尺　　寸】 通高4厘米

【形制描述】 泡状竿头饰，方形銎。銎侧有一对穿钉孔。

【发表出处】 ［7］图一一，11

3

【出土地点】 撒门村

【尺　　寸】 通高5.4厘米

【形制描述】 泡状竿头饰，上端呈半球形，长方形銎。无钉孔。

【发表出处】 ［7］图一一，13

【备　　注】 尺寸根据器物图比例计算。

4

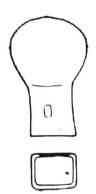

【出土地点】 彭阳县官台村

【尺　　寸】 通高3.9、銎径1.5×1.1厘米

【形制描述】 泡状竿头饰，端部不太规则，
长方形銎。銎侧有一对穿钉孔。

【发表出处】 ［13］图一，15

5

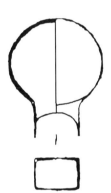

【出土地点】 于家庄M1：17

【尺　　寸】 通高3.8、銎径1.6×1厘米

【形制描述】 泡状竿头饰，长方形銎。柄端
有对称的半圆形缺口。无钉孔。

【发表出处】 ［16］图一二，8

6

【出土地点】 张街村

【尺　　寸】 通高3.4厘米

【形制描述】 泡状竿头饰，顶部略尖，方形
銎。銎侧有一对穿钉孔。

【发表出处】 ［17］图一，4

7

【出土地点】　陈阳川村

【尺　　寸】　通高3.2、銎宽2.3厘米

【形制描述】　泡状竿头饰，端部较竖长，长
　　　　　　　方形銎。銎侧有一对穿钉孔。

【发表出处】　［15］图八，5

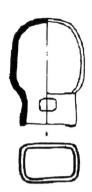

8

【出土地点】　杨郎乡马庄Ⅰ M14：16

【尺　　寸】　通高8、銎宽2厘米

【形制描述】　泡状竿头饰，方形銎。銎侧有
　　　　　　　一对穿钉孔。

【发表出处】　［11］图二一，1

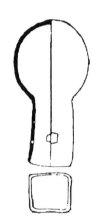

9

【出土地点】　杨郎乡马庄Ⅰ M7：24

【尺　　寸】　通高3、銎宽1.2厘米

【形制描述】　泡状竿头饰，长方形銎，銎侧
　　　　　　　有一对穿钉孔。

【发表出处】　［11］图二一，8

【备　　注】　尺寸根据器物图比例计算。

10

【出土地点】　撒门村

【尺　　寸】　通高6.7、銮径2.4厘米

【形制描述】　泡状竿头饰，圆形銮。銮侧有
　　　　　　　一对穿钉孔。

【发表出处】　［13］图二，4

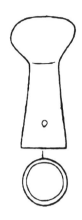

11

【出土地点】　于家庄SM5：40

【尺　　寸】　通高3.6、銮径1.3厘米

【形制描述】　泡状竿头饰，圆形銮。銮侧有
　　　　　　　一对穿钉孔。

【发表出处】　［16］图一二，7

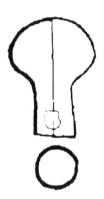

12

【出土地点】　撒门村

【尺　　寸】　通高6厘米

【形制描述】　泡状竿头饰，圆形銮。銮侧有
　　　　　　　一对不规则钉孔。

【发表出处】　［7］图一一，12

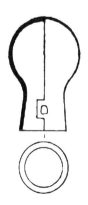

13

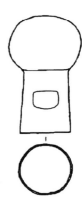

【出土地点】 张街村

【尺　　寸】 通高6.8、銮径3、镂孔1.5×1
厘米

【形制描述】 泡状竿头饰，圆形銮。銮侧有
一对长方形钉孔。

【发表出处】 ［17］图二，6

14

【出土地点】 店洼村

【尺　　寸】 通高7.4、銮径2.9厘米

【形制描述】 泡状竿头饰，圆形銮。无钉
孔。

【发表出处】 ［17］图七，7

15

【出土地点】 杨郎乡马庄ⅠM18：4

【尺　　寸】 通高6.2、銮径3.1厘米

【形制描述】 泡状竿头饰，圆形銮。銮侧有
一对穿钉孔。

【发表出处】 ［11］图二一，2

16

【出土地点】 宁夏南部

【尺　　寸】 通长约4.6—5.2厘米

【形制描述】 泡状竿头饰。銎侧有一对穿钉
　　　　　　孔。

【发表出处】 ［3］图二，12

17

【出土地点】 杨郎乡马庄ⅡM14：29

【尺　　寸】 通高6、銎径2.8厘米

【形制描述】 泡状竿头饰。端部与銎部分界
　　　　　　不明显。圆形銎。銎侧有一对
　　　　　　穿钉孔。

【发表出处】 ［11］图二一，3

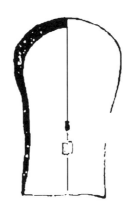

18

【出土地点】 宁夏南部

【尺　　寸】 通长3.3—4.5厘米

【形制描述】 泡状竿头饰。端部与銎部分界
　　　　　　不明显。端部不规则，略尖。
　　　　　　圆形銎。銎侧有一对穿钉孔。

【发表出处】 ［3］图三，3

【备　　注】 原报告记录为"车事"。

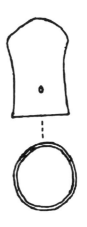

车马器类

19

【出土地点】　于家庄

【尺　　寸】　通高4、銎径0.9×1.1厘米

【形制描述】　泡状竿头饰，方形銎。銎侧有
　　　　　　　一对穿钉孔。

【发表出处】　［14］图五

20

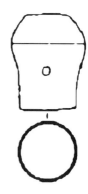

【出土地点】　白草洼村

【尺　　寸】　通高4.1、銎径2.3厘米

【形制描述】　泡状竿头饰，圆形銎。銎侧有
　　　　　　　一对穿钉孔。

【发表出处】　［17］图五，3

21

【出土地点】　中卫县狼窝子坑M1：19

【尺　　寸】　通高4.5、銎径2.6×2.8厘米

【形制描述】　羊兽竿头饰，顶部延伸为长方
　　　　　　　形銎。

【发表出处】　［5］图六，4

22

【出土地点】　杨郎乡马庄Ⅲ M4 : 1

【尺　　寸】　通高6.7、銎径3.6厘米

【形制描述】　写实羊首竿头饰。颈部延伸为
　　　　　　　圆形銎。銎侧有一对穿钉孔。

【发表出处】　［11］图二一，9

23

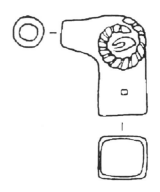

【出土地点】　店洼村

【尺　　寸】　通高3、銎径1.5厘米

【形制描述】　写实羊首竿头饰。颈部延伸为
　　　　　　　长方形銎。銎侧有一对穿钉
　　　　　　　孔。

【发表出处】　［17］图七，13

24

【出土地点】　吕坪村

【形制描述】　鹿首竿头饰。颈部延伸为銎。

【发表出处】　［9］图一，4

【备　　注】　原报告称"鹿形饰"。

25

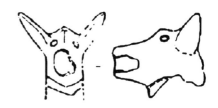

【出土地点】 杨郎乡马庄Ⅲ M4：69

【尺　　寸】 通高3.4、銎径1.4厘米

【形制描述】 鹿首竿头饰。銎部残。

【发表出处】 ［11］图二一，10

26

【出土地点】 中卫县狼窝子坑M5：32

【尺　　寸】 通高3.2厘米

【形制描述】 写实鹰首竿头饰。几乎没有銎
部。

【发表出处】 ［5］图六，3

27

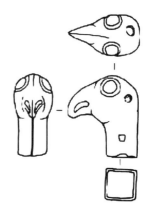

【出土地点】 王大户M1

【尺　　寸】 通高3.6厘米

【形制描述】 写实鹰首竿头饰。长方形銎。
銎侧有一对穿钉孔。

【发表出处】 ［20］P44

28

【出土地点】	王大户 M1 ： 68
【尺　　寸】	通高 3.6 厘米
【形制描述】	写实鹰首竿头饰。长方形銎。銎侧有一对穿钉孔。
【发表出处】	［20］第 44 页

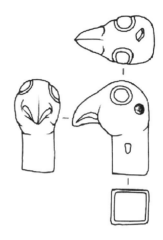

29

【出土地点】	头营乡王家坪
【尺　　寸】	高 3.8 厘米
【形制描述】	写实鹰首竿头饰。长方形銎。銎侧有一对穿钉孔。
【发表出处】	［3］图三，7
【备　　注】	原报告称"鹰头"。

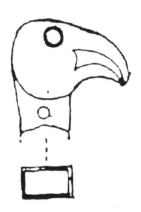

30

【出土地点】	杨郎乡马庄
【尺　　寸】	通长 6.1、銎径 3.1 厘米
【形制描述】	写实鹰首竿头饰。长方形銎。銎侧有一对穿钉孔。
【发表出处】	［19］第 194 页上

31

【出土地点】　于家庄SM4：15

【尺　　寸】　高3.6、銎宽1.4厘米

【形制描述】　写实鹰首竿头饰。方形銎。銎
　　　　　　　部有纹饰，銎侧有一对穿钉孔。

【发表出处】　［16］图一二，5

32

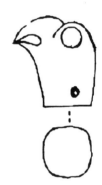

【出土地点】　宁夏南部

【尺　　寸】　通高4.1厘米

【形制描述】　写实鹰首竿头饰。圆角方形
　　　　　　　銎。銎侧有一对穿钉孔。

【发表出处】　［3］图三，6

33

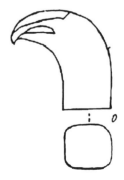

【出土地点】　宁夏南部

【尺　　寸】　通高5.7厘米

【形制描述】　简化鹰首竿头饰。圆角方形銎。

【发表出处】　［3］图三，5

34

【出土地点】	杨郎乡马庄
【尺　　寸】	通高5.8、銎径2.8厘米
【形制描述】	简化鹰首竿头饰。圆形銎。銎
	侧有一对穿方形钉孔。
【发表出处】	［19］第194页下

35

【出土地点】	杨郎乡马庄
【尺　　寸】	通高5.8、銎径2.8厘米
【形制描述】	简化鹰首竿头饰。圆形銎。銎
	侧有一对穿方形钉孔。
【发表出处】	［19］第194页下

36

【出土地点】	杨郎乡马庄 Ⅱ M17 ： 26
【尺　　寸】	通高2.8、銎宽1.2厘米
【形制描述】	鹰首竿头饰。方形銎。銎侧有
	一对穿方形钉孔。
【发表出处】	［11］图二一，7

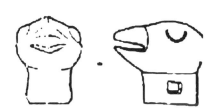

车马器类

37

【出土地点】 张街村 M3

【尺　　寸】 通高 1.5、銎宽 1.2 厘米

【形制描述】 鹰首竿头饰。方形銎，很短。

【发表出处】 ［18］图七，5

【备　　注】 原报告称"杖头饰"。

38

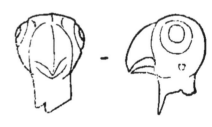

【出土地点】 杨郎乡马庄Ⅲ M1：51

【尺　　寸】 残高 3.4、銎宽 1.2 厘米

【形制描述】 写实鹰首竿头饰。方形銎，末
端残。銎侧有一对穿钉孔。

【发表出处】 ［11］图二一，6

八、立体动物形饰

1

【出土地点】	撒门村M1
【尺　　寸】	通长5.8、高5.2厘米
【形制描述】	卧鹿，较写实。腹中空。下腹开放，与四肢相连形成銎口。首身浑铸。
【发表出处】	［7］图一三，2

2

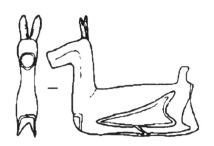

【出土地点】	米塬村
【尺　　寸】	通长8.9、高6.8厘米
【形制描述】	卧鹿，较写实。腹中空。下腹开放，与四肢相连形成銎口。
【发表出处】	［17］图三，20

3

【出土地点】	杨郎乡马庄
【尺　　寸】	通长5.4厘米
【形制描述】	卧鹿，较写实。腹中空。下腹开放，与四肢相连形成銎口。
【发表出处】	［19］第198页上

4

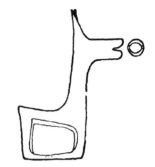

【出土地点】　于家庄 M16：29

【尺　　寸】　通长4、高8厘米

【形制描述】　卧鹿，腹中空。下腹开放，与
　　　　　　　四肢相连形成銎口。

【发表出处】　［16］图一五，6

5

【出土地点】　于家庄 M5：8

【尺　　寸】　通长5.7、高5.9厘米

【形制描述】　卧鹿，腹中空。身有对称的镂
　　　　　　　孔。

【发表出处】　［16］图一五，7

6

【出土地点】　于家庄

【尺　　寸】　通长6、高5.2厘米

【形制描述】　卧鹿，腹中空。下腹开放。身
　　　　　　　有对称的镂孔。

【发表出处】　［19］第198页下

7

【出土地点】　陈阳川村M3

【尺　　寸】　通长7.4、高6.8厘米

【形制描述】　卧鹿，腹中空。下腹开放，与
　　　　　　　四肢相连形成銎口。

【发表出处】　［15］图五，6

8

【出土地点】　杨郎乡马庄ⅠM1：33

【尺　　寸】　通长7.2、高7.9厘米

【形制描述】　卧鹿，较写实。腹中空。下腹
　　　　　　　开放，与四肢相连形成銎口。颈
　　　　　　　部残存朽木。首身分铸，套接。

【发表出处】　［11］图二四，2

【备　　注】　原报告称"动物形饰"。

9

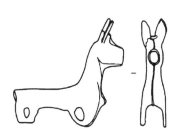

【出土地点】　王大户M7：4

【尺　　寸】　通长6.9、高5.8厘米

【形制描述】　卧鹿，较写实。腹中空。下腹
　　　　　　　开放，与四肢相连形成銎口。

【发表出处】　［20］第223页

【备　　注】　原报告称"动物形饰"。另有
　　　　　　　两件同类器物，见［20］第
　　　　　　　224页。

10

【出土地点】　杨郎乡马庄Ⅰ M7：2

【尺　　寸】　通长6.9、高6.8厘米

【形制描述】　立鹿，较写实。腹中空。下腹
　　　　　　开放。首身分铸，套接。

【发表出处】　［11］图二四，1

11

【出土地点】　杨郎乡马庄

【尺　　寸】　通长6.9、高6.8厘米

【形制描述】　立鹿，回首状。较写实。腹
　　　　　　中空。下腹开放。首身分铸，
　　　　　　套接。

【发表出处】　［19］第196页左

12

【出土地点】　头营乡杨河村

【尺　　寸】　通长6.1、高7.1厘米

【形制描述】　立羚羊，较写实。腹中空。下
　　　　　　腹开放。

【发表出处】　［19］第197页上

13

【出土地点】　杨郎乡马庄Ⅰ M12：84

【尺　　寸】　通长6.6、高6.1厘米

【形制描述】　卧鹿，较写实。腹中空。下腹
　　　　　　　开放，与四肢相连形成銎口。
　　　　　　　首身浑铸。

【发表出处】　［11］图二四，3

【备　　注】　原报告称"动物形饰"。

14

【出土地点】　中庄M1：29

【尺　　寸】　通长8.4、高6厘米

【形制描述】　卧羊，较写实，无角。腹中空。下腹开放，与四肢相连形成銎口。
　　　　　　　首身浑铸。

【发表出处】　［20］第447页

【备　　注】　一组共8件，其余见同页。

15

【出土地点】 撒门村M1

【尺　　寸】 通长8.5、高6厘米

【形制描述】 卧羊，较写实，无角。腹中空。下腹开放，与四肢相连形成銎口。首身浑铸。

【发表出处】 ［7］图一三，4

16

【出土地点】 杨郎乡马庄

【尺　　寸】 通长8.1、高6.3厘米

【形制描述】 卧羊，较写实，无角。腹中空。下腹开放，与四肢相连形成銎口。首身浑铸。

【发表出处】 ［19］第195页下左

17

【出土地点】 杨郎乡马庄

【尺　　寸】 通长8.1、高6.3厘米

【形制描述】 卧羊，较写实，无角。腹中空。下腹开放，与四肢相连形成銎口。首身浑铸。

【发表出处】 ［19］第195页下右

18

【出土地点】 杨郎乡马庄Ⅲ M4：65

【尺　　寸】 通长9.4、高6.7厘米

【形制描述】 卧式大卷角羊。腹中空。下腹
　　　　　　开放，与四肢相连形成銎口。
　　　　　　首身浑铸。

【发表出处】 ［11］图二四，9

【备　　注】 原报告称"动物形饰"。

19

【出土地点】 杨郎乡马庄

【尺　　寸】 通长9.5、高6厘米

【形制描述】 卧式大卷角羊。腹中空。下腹
　　　　　　开放，与四肢相连形成銎口。
　　　　　　首身浑铸。

【发表出处】 ［19］第195页上

20

【出土地点】 杨郎乡马庄Ⅲ M1：30

【尺　　寸】 通长5、高5.2厘米

【形制描述】 卧狗，较写实。腹中空。下腹
　　　　　　开放，与四肢相连形成銎口。

【发表出处】 ［11］图二四，7

【备　　注】 原报告称"动物形饰"。

21

【出土地点】 杨郎乡马庄Ⅰ M12：57

【尺　　寸】 通长4.5、宽6.5厘米

【形制描述】 卧狗，较写实。腹中空。下腹
开放，与四肢相连形成銎口。
首身浑铸。

【发表出处】 ［11］图二四，4

22

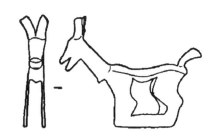

【出土地点】 撒门村

【尺　　寸】 通长7.5、长5.5厘米

【形制描述】 立兽，腹中空。下腹开放，与
四肢相连形成銎口。颈系一
铃。

【发表出处】 ［7］图一三，3

23

【出土地点】 杨郎乡马庄Ⅱ M17：2

【尺　　寸】 通长5.9、高4.3厘米

【形制描述】 立兽，腹中空。与四肢相连形
成銎口。

【发表出处】 ［11］图二四，6

【备　　注】 原报告称"动物形饰"。

24

【出土地点】 杨郎乡马庄采：50

【尺　　寸】 通长6.2、高6.4厘米

【形制描述】 卧狗，较写实。腹中空。下腹
　　　　　　开放，与四肢相连形成銎口。
　　　　　　首身分铸，套接。

【发表出处】 ［11］图二四，8

【备　　注】 原报告称"动物形饰"。

25

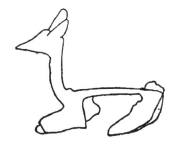

【出土地点】 杨郎乡马庄采：61

【尺　　寸】 通长9、高7.1厘米

【形制描述】 卧兽。腹中空。下腹开放，与
　　　　　　四肢相连形成銎口。首身浑铸。

【发表出处】 ［11］图二四，10

【备　　注】 原报告称"动物形饰"。

26

【出土地点】 于家庄

【尺　　寸】 通长8、高5厘米

【形制描述】 卧鹿，较写实。腹中空。首身
　　　　　　分铸，套接。

【发表出处】 ［14］图七右

27

【出土地点】　于家庄

【尺　　寸】　通长8、高5厘米

【形制描述】　卧鹿，较写实。腹中空。首身
　　　　　　　分铸，套接。

【发表出处】　［14］图七左

九、动物形饰

1

【出土地点】 杨郎乡马庄Ⅲ M4 ： 77

【尺　　寸】 长13.8、宽11.3厘米

【形制描述】 卧鹿，角下弯与背相连，前、
后肢相连。素面。器体扁平，
透雕，无钮。

【发表出处】 ［11］图二三，1

【备　　注】 原报告称"动物牌饰"。

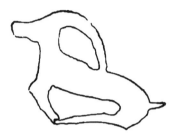

2

【出土地点】 杨郎乡马庄Ⅲ M4 ： 110

【尺　　寸】 长13.7、宽8.2厘米

【形制描述】 卧鹿，角下弯与背相连，前、
后肢相连。素面。器体扁平，
透雕，无钮。

【发表出处】 ［11］图二三，3

【备　　注】 原报告称"动物牌饰"。

3

【出土地点】 杨郎乡马庄Ⅲ M5：28

【尺　　寸】 长10.5、高8厘米

【形制描述】 卧兽，耳上翘，前、后肢相
连。素面。器体扁平，透雕，
无钮。

【发表出处】 ［11］图二三，4

【备　　注】 原报告称"动物牌饰"，描述
为"卧驴"。

十、车器

1

【出土地点】	撒门村M1
【尺　　寸】	底长10.3、高7.3厘米
【形制描述】	三角形车轮饰。有三角形和涡纹镂空纹饰。剖面平直。
【发表出处】	［7］图一〇，10
【备　　注】	尺寸根据器物图比例计算。原报告称"镂空牌饰"。

2

【出土地点】	撒门村M1
【尺　　寸】	底长15、高9.6厘米
【形制描述】	三角形车轮饰。有三角形和涡纹镂空纹饰。剖面平直。
【发表出处】	［7］图一〇，11
【备　　注】	尺寸根据器物图比例计算。原报告称"镂空牌饰"。

3

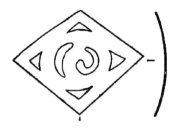

【出土地点】　撒门村M1

【尺　　寸】　通长4.5厘米

【形制描述】　菱形车轮饰。有长条状镂空纹
　　　　　　　饰。正面微凹。

【发表出处】　［7］图一〇，12

【备　　注】　原报告称"镂空牌饰"。

4

【出土地点】　彭阳乡白岔村

【尺　　寸】　通长11.7、宽7.6厘米

【形制描述】　长方形车舆饰。有对称镂空
　　　　　　　纹饰。

【发表出处】　［17］图六，3

【备　　注】　原报告称"方形镂空牌饰"。

5

【出土地点】　杨郎乡马庄采：11

【尺　　寸】　通长4.3、宽2.8厘米

【形制描述】　长方形车舆饰。有长条状镂空
　　　　　　　纹饰。剖面平直。

【发表出处】　［11］图二四，11

【备　　注】　原报告称"透雕铜饰"。

6

【出土地点】　固原县南郊乡

【尺　　寸】　通长5.8、宽2.3厘米

【形制描述】　长方形车舆饰。饰阴刻回纹。
　　　　　　　剖面平直，背部上下各有一钮。

【发表出处】　［19］第118页右下

7

【出土地点】　固原县南郊乡

【尺　　寸】　通长2.5、宽2.3厘米

【形制描述】　长方形车舆饰。饰阴刻回纹。
　　　　　　　剖面平直，背面正中有一钮。

【发表出处】　［19］第118页右上

【备　　注】　原报告称"回纹铜牌饰"。

8

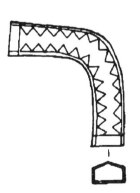

【出土地点】　撒门村M2

【尺　　寸】　通长6.5、管径2.5厘米

【形制描述】　曲尺形。饰两条三角纹带。剖
　　　　　　　面近方形，顶部略尖。

【发表出处】　［7］图一四，8

【备　　注】　原报告称"管状饰"。

9

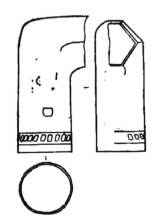

【出土地点】 米塬村

【尺　　寸】 通长6、径宽2.5厘米

【形制描述】 曲尺形。两端各饰一周方点
　　　　　　 纹。剖面一端圆形，一端方
　　　　　　 扁。折角处有一对穿钉孔。

【发表出处】 ［17］图三，16

【备　　注】 原报告称"镂空牌饰"。

10

【出土地点】 撒门村

【尺　　寸】 通长6.8、管径2.8厘米

【形制描述】 曲尺形。一端残，另一端饰一
　　　　　　 周方点纹。剖面圆形，近末端
　　　　　　 处有一对穿钉孔。

【发表出处】 ［7］图一四，1

【备　　注】 原报告称"管状饰"。

11

【出土地点】 于家庄M1：24

【尺　　寸】 通长5厘米

【形制描述】 曲尺形。素面。剖面一端圆
　　　　　　 形，一端方扁。折角处有镂
　　　　　　 空槽。

【发表出处】 ［16］图一七，11

【备　　注】 原报告称"'L'形铜管"。

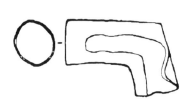

12

【出土地点】 吕坪村

【尺　　寸】 通长8.2、宽4厘米

【形制描述】 长条直板形。整体近圆角长方
形。一端有两耳外凸。正面略
鼓，背正中有一桥钮。饰一周
方点纹。

【发表出处】 ［9］图二，2

【备　　注】 原报告称为"当卢"。

13

【出土地点】 于家庄M3：7：1

【尺　　寸】 通长7.4、宽2.4厘米

【形制描述】 长条直板形，两端呈半圆形，
略宽于中段。整体扁平，背两
端有桥钮。素面。

【发表出处】 ［16］图一七，8

【备　　注】 原报告称为"条形铜饰"。

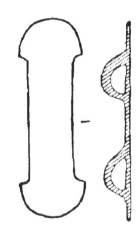

14

【出土地点】 于家庄M1：35

【尺　　寸】 通长9.5、宽1.6厘米

【形制描述】 长条直板形，整体近长方形。
正面略鼓，两端各有一长方
孔。素面。

【发表出处】 ［16］图一七，15

【备　　注】 原报告称为"条形铜饰"。

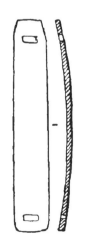

15

【出土地点】 撒门村M2

【尺　　寸】 通长10.7厘米

【形制描述】 长条亚腰形。整体扁平，背两
端有桥钮。饰一周方点纹，一
端有一道弧线纹。

【发表出处】 ［7］图一〇，7

【备　　注】 原报告称为"铜牌饰"。

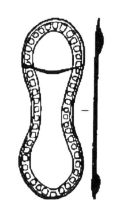

16

【出土地点】 固原县

【尺　　寸】 通长12.4厘米

【形制描述】 长条亚腰形。正面略鼓，剖面
呈梯形，背正中有一桥钮。饰
一周方点纹。

【发表出处】 ［13］图二，7

【备　　注】 原报告称为"牌饰"。

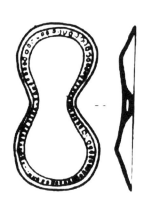

17

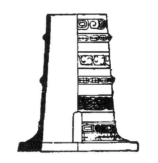

【出土地点】 杨郎乡马庄ⅠM11 ：3

【尺　　寸】 高9、内径5、底径8厘米

【形制描述】 近圆柱状车軎，外口小内口
　　　　　　大。内口沿向外宽卷，近内口
　　　　　　处对穿长方形辖孔。中部饰两
　　　　　　道凸棱，凸棱上饰贝纹。其余
　　　　　　饰数道纹饰。

【发表出处】 ［11］图二二，18

【备　　注】 原报告称"軗"。

18

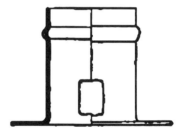

【出土地点】 杨郎乡马庄ⅢⅠM4 ：70

【尺　　寸】 通长6.3、外径9、内径5厘米

【形制描述】 圆柱状车軎，内口沿向外宽
　　　　　　卷，近内口处对穿长方形辖
　　　　　　孔。近外口处饰一道凸棱。

【发表出处】 ［11］图二二，14

【备　　注】 原报告称"軗"。

19

【出土地点】 苋麻村

【尺　　寸】 高4.5、口径4.4厘米

【形制描述】 轭箍。有一桥形钮。

【发表出处】 ［17］图四，10

【备　　注】 原报告称"车轴饰"。

20

【出土地点】 张街村M2

【尺　　寸】 通高1.6、口径3.5厘米

【形制描述】 轭箍。有一扁短柄。柄上有小
圆钉孔，底部边缘有不规则
扁孔。

【发表出处】 ［18］图一〇，1

【备　　注】 原报告称"铜不明器"。

21

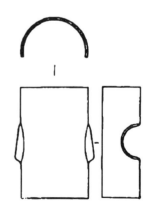

【出土地点】 撒门村M1

【尺　　寸】 通长5.5、宽4厘米

【形制描述】 长方形弧状铜片。剖面呈半圆
形。中部有半圆形凹口，凹口
两侧凸出。

【发表出处】 ［7］图一四，3

【备　　注】 原报告称"半圆饰"。

22

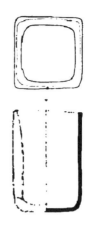

【出土地点】　陈阳川 M1 ： 1

【尺　　寸】　通长5、宽3.5厘米

【形制描述】　不知名器，正方筒状。

【发表出处】　［15］图五，3

【备　　注】　原报告称"害"。

23

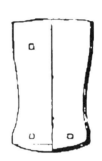

【出土地点】　杨郎乡马庄Ⅲ M3 ： 53

【尺　　寸】　通长6.5、銎径2厘米

【形制描述】　不知名器，圆筒状，束腰。内
　　　　　　　残存朽木。体侧有五个方形
　　　　　　　钉孔。

【发表出处】　［11］图二二，9

【备　　注】　原报告称"害"。

24

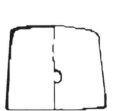

【出土地点】　杨郎乡马庄Ⅲ M4 ： 67

【尺　　寸】　通长2.9、銎径2.1厘米

【形制描述】　不知名器，圆筒状，形体较
　　　　　　　短。内残存朽木。体侧有一个
　　　　　　　圆形钉孔。

【发表出处】　［11］图二二，13

【备　　注】　原报告称"害"。

服饰品类

一、身体配饰

1

【出土地点】 觅麻村

【尺　　寸】 通长 12.6 厘米

【形制描述】 簪子。一端为三角形环首，另
　　　　　　 一端呈方锥状。

【发表出处】 ［17］图四，13

【备　　注】 原报告称"锥"。

2

【出土地点】 中卫县狼窝子坑 M5 ： 26

【尺　　寸】 通长 11.3、中间棱宽 0.4、柄首
　　　　　　 球径 1.2 厘米

【形制描述】 簪子。一端为单球形柄首，另
　　　　　　 一端呈尖锥状。

【发表出处】 ［5］图五，9

【备　　注】 原报告称"锥"。

3

【出土地点】　中卫县狼窝子坑M5：24

【尺　　寸】　通长10.9、中间棱宽0.4、柄首
　　　　　　　球径0.9、两球间距2.7厘米

【形制描述】　簪子。一端为双球形柄首，一
　　　　　　　端为圆锥状锥尖。

【发表出处】　［5］图五，10

【备　　注】　原报告称"锥"。

4

【出土地点】　中卫县狼窝子坑M5：23

【尺　　寸】　通长16.4、中间棱宽0.5、扁刃
　　　　　　　宽0.5厘米

【形制描述】　簪子。一端双面扁刃，一端呈
　　　　　　　尖锥状。中间呈四棱形。

【发表出处】　［5］图五，11

【备　　注】　原报告称"锥"。

5

【出土地点】 九龙山M10

【形制描述】 圆环状耳环。接口未焊接，两端交错。

【发表出处】 ［20］第601页

6

【出土地点】 九龙山M4

【形制描述】 圆环状耳环。接口未焊接。

【发表出处】 ［20］第544页

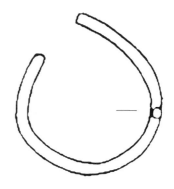

7

【出土地点】 九龙山M4

【形制描述】 圆环状耳环。接口未焊接。

【发表出处】 ［20］第544页

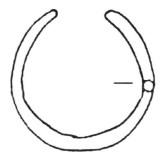

8

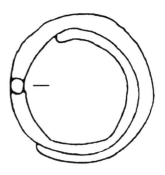

【出土地点】 九龙山M4

【形制描述】 圆环状耳环。接口未焊接，两
端交错。

【发表出处】 ［20］第544页

9

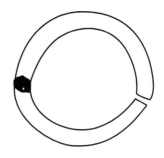

【出土地点】 杨郎乡马庄ⅠM1：32

【尺　　寸】 直径2.2厘米

【形制描述】 圆环状耳环。接口未焊接。

【发表出处】 ［11］图一七，13

10

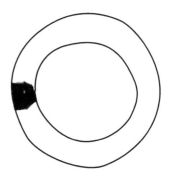

【出土地点】 杨郎乡马庄ⅢM2：17

【尺　　寸】 直径1.7厘米

【形制描述】 素面铜环。剖面近方形。

【发表出处】 ［11］图一七，14

11

【出土地点】　王大户M5

【尺　　寸】　直径2.9 ～ 3.1厘米

【形制描述】　圆环状耳环。接口未焊接。

【发表出处】　［20］第181页

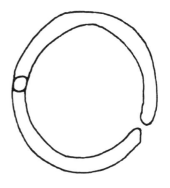

12

【出土地点】　王大户M4 ：45

【尺　　寸】　直径3.3厘米

【形制描述】　圆环状耳环。接口未焊接，两
　　　　　　　端交错。

【发表出处】　［20］第127页

【备　　注】　银质。

13

【出土地点】　王大户M4 ：46

【尺　　寸】　直径2.2—2.4厘米

【形制描述】　圆环状耳环。接口未焊接，两
　　　　　　　端交错。

【发表出处】　［20］第127页

【备　　注】　银质。

14

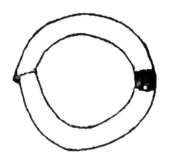

【出土地点】　杨郎乡马庄Ⅲ M4：104

【尺　　寸】　直径2.3厘米

【形制描述】　圆环状耳环。接口未焊接。

【发表出处】　［11］图二八，17

【备　　注】　金质。

15

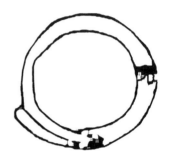

【出土地点】　杨郎乡马庄Ⅰ M15：3

【尺　　寸】　直径1.8厘米

【形制描述】　圆环状耳环。接口未焊接，两
　　　　　　　端交错。

【发表出处】　［11］图二八，16

【备　　注】　银质。

16

【出土地点】　杨郎乡马庄Ⅲ M5：12

【尺　　寸】　通长7.5厘米

【形制描述】　圆环状耳环。由包金耳环、金
　　　　　　　串珠、葫芦形金叶片三部分
　　　　　　　组成。

【发表出处】　［11］图二八，7

【备　　注】　金质。

17

【出土地点】	杨郎乡马庄 I M18：51
【尺　　寸】	通长3.9厘米，重3.8克
【形制描述】	圆环状耳环。接口未焊接。耳坠为一空心金圆球，球下有一由两金条组成的小球。
【发表出处】	［11］图二八，14
【备　　注】	金质。

18

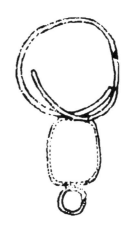

【出土地点】	杨郎乡马庄 III M3：61
【尺　　寸】	通长5.2、直径2.8厘米，重3.1克
【形制描述】	圆环形耳环。两端交错。耳坠为一空心近椭圆球，下接一小圆环。
【发表出处】	［11］图二八，8
【备　　注】	银质。

19

【出土地点】 杨郎乡侯磨村

【尺　　寸】 通长4、环径1.4厘米、重3.5
克

【形制描述】 圆环状耳环。接口未焊接。耳
坠为一空心金圆球，球下有一
由两金条组成的小球。

【发表出处】 ［19］第131页下，右

【备　　注】 金质。

20

【出土地点】 杨郎乡侯磨村

【尺　　寸】 通长2.5，环径1.5厘米，重2.5
克

【形制描述】 圆环状耳坯。接口未焊接。耳
坠残，为一空心金圆球，仅剩
一半。

【发表出处】 ［19］第131页下，左

【备　　注】 金质。

21

【出土地点】 杨郎乡马庄

【尺　　寸】 通长6厘米，重15.5克

【形制描述】 圆环状耳环。接口未焊接。耳
坠为三条金链，末端各饰一小
铃铛。

【发表出处】 ［19］第132页左

【备　　注】 金质。

22

【出土地点】 杨郎乡马庄

【尺　　寸】 通长5.9厘米，重15.5克

【形制描述】 圆环状耳环。接口未焊接。耳
坠为三条金链，末端各饰一小
铃铛。

【发表出处】 ［19］第132页右

【备　　注】 金质。

23

【出土地点】　陈阳川村

【尺　　寸】　直径9，宽4厘米

【形制描述】　璜形项饰。用宽4厘米的银片
　　　　　　　制成，两端分别有两穿孔。

【发表出处】　［10］图二，2

【备　　注】　银质。原报告称"银牌饰"。

24

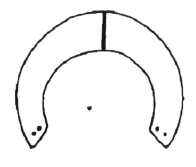

【出土地点】　陈阳川村

【尺　　寸】　直径9.8厘米

【形制描述】　璜形项饰。用宽4厘米的银片
　　　　　　　制成，两端分别有两穿孔。

【发表出处】　［15］图九，7

【备　　注】　银质。原报告称"银项圈"。

25

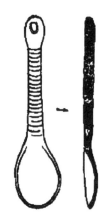

【出土地点】　杨郎乡马庄采集

【尺　　寸】　长7.5、匙头宽1.7厘米

【形制描述】　匙形饰。椭圆形匙头。长扁
　　　　　　　柄，饰绕线纹。柄端有一椭圆
　　　　　　　形钉孔。

【发表出处】　［11］图一七，21

【备　　注】　原报告称"勺"。

26

【出土地点】　杨郎乡马庄采集

【尺　　寸】　残长5.9、匙头宽1.2厘米

【形制描述】　匙形饰。狭长的椭圆形匙头。
　　　　　　　长扁柄。

【发表出处】　［11］图一七，22

【备　　注】　原报告称"勺"。

27

【出土地点】　于家庄SM4：41

【尺　　寸】　直径6、宽3.8厘米

【形制描述】　璜臂钏。略残，扁圆管状，上
　　　　　　　饰七行折线纹组成的狭带纹。

【发表出处】　［16］图一七，7

二、泡饰

1

【出土地点】　中宁县倪丁村

【尺　　寸】　直径2厘米

【形制描述】　圆形，正面略鼓。内侧正中有
　　　　　　　一横贯单钮。

【发表出处】　［4］图三，10

【备　　注】　尺寸根据器物图比例计算。

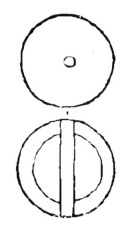

2

【出土地点】　中宁县倪丁村

【尺　　寸】　直径7.3厘米

【形制描述】　圆形，正面略鼓。内侧正中有
　　　　　　　一横贯单钮。

【发表出处】　［4］图三，17

【备　　注】　尺寸根据器物图比例计算。

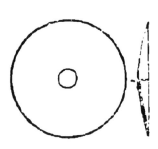

3

【出土地点】　孟塬乡

【尺　　寸】　直径2厘米

【形制描述】　圆形，正面尖突，剖面呈三角
　　　　　　　形。内侧正中有一横贯单钮。

【发表出处】　［7］图一，5

【备　　注】　尺寸根据器物图比例计算。

4①

【出土地点】　九龙山M3：4

【尺　　寸】　直径1.9厘米

【形制描述】　圆形，正面尖突，剖面呈三角
　　　　　　　形。内侧正中有一横贯单钮。

【发表出处】　［20］第532页

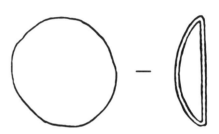

5②

【出土地点】　九龙山M10：7

【形制描述】　圆形，正面尖突，剖面呈三角
　　　　　　　形。内侧正中有一横贯单钮。

【发表出处】　［20］第615页

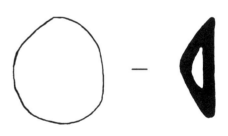

---

① 与该器形制相近的还有：
　4—2. 杨郎乡马庄 I M4：20；直径2.5、高1.1厘米；圆形；正面较鼓，内侧正中有一横贯单钮；［11］
　图二〇，6。
② 与该器形制相近的还有：
　5—2. 于庄家M12；直径2厘米；圆形；正面尖突；剖面呈三角形；内侧正中有一横贯单钮；［16］图
　五一，14。

6

【出土地点】　撒门村

【尺　　寸】　直径3.4厘米

【形制描述】　圆形，正面略鼓，内侧正中有
　　　　　　　一横贯单钮。

【发表出处】　［7］图一一，3

【备　　注】　尺寸根据器物图比例计算。

7①

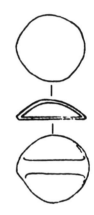

【出土地点】　九龙山M9：1

【尺　　寸】　直径2厘米

【形制描述】　圆形，正面略鼓。内侧正中有
　　　　　　　一横贯单钮。

【发表出处】　［20］第577页

8

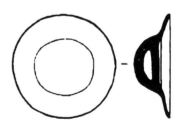

【出土地点】　张街村

【尺　　寸】　直径4.1厘米

【形制描述】　圆形，正面略鼓。正中有一凸
　　　　　　　泡。内侧正中有一横贯单钮。

【发表出处】　［17］图一，12

---

① 与该器形制相近的还有：

　　7—2. 张街村。直径2.3厘米；圆形；正面略鼓；内侧正中有一横贯单钮；［17］图二，2。

9

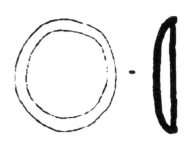

【出土地点】 陈阳川村M2：8

【尺　　寸】 直径2厘米

【形制描述】 圆形，正面略鼓。内侧正中有
一横贯单钮。

【发表出处】 ［15］图六，3

10[①]

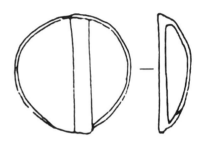

【出土地点】 王大户M6：2

【尺　　寸】 直径2厘米

【形制描述】 圆形，正面略鼓。内侧正中有
一横贯单钮。

【发表出处】 ［20］第202页

11

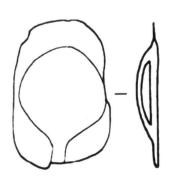

【出土地点】 王大户M2：2

【尺　　寸】 长径3.1厘米

【形制描述】 不规则形，正面略鼓。内侧正
中有一横贯单钮。

【发表出处】 ［20］第67页

---

① 与该器形制相近的还有：
王大户M7：14；直径1.4厘米；圆形，正面略鼓，内侧正中有一横贯单钮；［20］第222页。
王大户M2：24；直径1.4厘米；圆形，正面略鼓，内侧正中有一横贯单钮；［20］第62页。

12

【出土地点】　王大户M1：75

【尺　　寸】　直径2.3厘米

【形制描述】　圆形，正面略鼓。内侧偏向一
　　　　　　　侧有一横贯单钮。

【发表出处】　［20］第43页

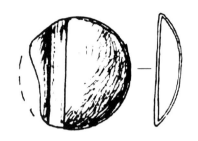

13

【出土地点】　王大户M3：12

【尺　　寸】　直径1.3厘米

【形制描述】　圆形，正面略鼓。内侧正中有
　　　　　　　一横贯单钮。

【发表出处】　［20］第84页

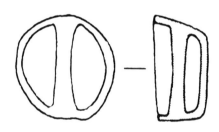

14

【出土地点】　中庄M1：13

【尺　　寸】　直径2.3厘米

【形制描述】　圆形，正面略鼓。内侧正中有
　　　　　　　一横贯单钮。

【发表出处】　［20］第445页

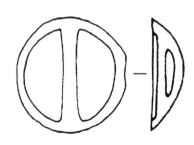

15

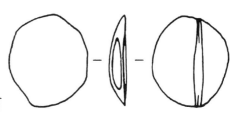

【出土地点】　王大户 M4 ： 47

【尺　寸】　直径2.2厘米

【形制描述】　圆形，正面略鼓。内侧正中有
　　　　　　　一横贯单钮。

【发表出处】　［20］第126页

16

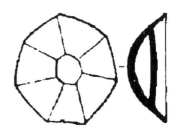

【出土地点】　陈阳川村

【尺　寸】　直径2.1厘米

【形制描述】　七边形，正面较鼓。内侧正中
　　　　　　　有一横贯单钮。

【发表出处】　［7］图一一，10

【备　注】　尺寸根据器物图比例计算。

17

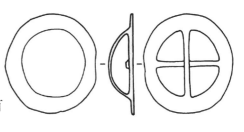

【出土地点】　王大户 M4 ： 10

【尺　寸】　直径5.5厘米

【形制描述】　圆形，正面略鼓。内侧正中有
　　　　　　　十字钮。

【发表出处】　［20］第126页

18

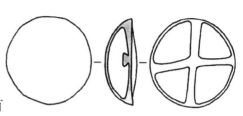

【出土地点】　王大户M4：26

【尺　　寸】　直径3.5厘米

【形制描述】　圆形，正面略鼓。内侧正中有
　　　　　　　十字钮。

【发表出处】　［20］第126页

19

【出土地点】　彭阳县孟塬乡

【尺　　寸】　直径4厘米

【形制描述】　圆形，正面略鼓，饰卷云纹。
　　　　　　　内侧正中有一桥钮。

【发表出处】　［7］图一一，2

20

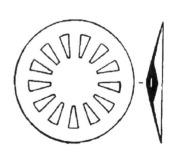

【出土地点】　撒门村M2

【尺　　寸】　直径5厘米

【形制描述】　圆形，正面略鼓，饰一周镂空
　　　　　　　三角纹。内侧正中有一桥钮。

【发表出处】　［7］图一○，5

21

【出土地点】　宁夏南部

【形制描述】　圆形，正面略鼓，内外缘皆饰
　　　　　　　卷云纹。内侧正中有一桥钮。

【发表出处】　［3］图五，5

22

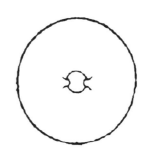

【出土地点】　中宁县倪丁村

【尺　　寸】　直径7.3厘米

【形制描述】　圆形，正面略鼓。内侧正中有
　　　　　　　一桥钮。

【发表出处】　［4］图三，16

【备　　注】　尺寸根据器物图比例计算。

23①

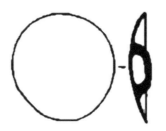

【出土地点】　彭阳县白草洼村

【形制描述】　圆形，正面略鼓。内侧正中有
　　　　　　　一较大桥钮。

【发表出处】　［17］图五，2

【备　　注】　尺寸根据器物图比例计算。

---

① 与该器形制相近的还有：
　撒门村；直径2.4厘米；圆形，正面略鼓，内侧正中有一较大桥钮；［7］图一七，7。
　白林村；直径2.8厘米；圆形，正面略鼓，内侧正中有一较大桥钮；［17］图七，3。
　于家庄M17；直径3.8厘米；圆形，正面略鼓，内侧正中有一较大桥钮；［16］图一七，3。
　王大户M1：31；直径3厘米；圆形，正面略鼓，内侧正中偏上有一桥钮；［20］第43页。
　23-2 张街村M2；直径2.5厘米；圆形，正面略鼓，内侧正中有一较大桥钮；［18］图一〇，10。
　张街村M2；直径4厘米；圆形，正面略鼓，内侧正中有一较大桥钮；［18］图一〇，16。
　张街村M3；直径2.8厘米；圆形，正面略鼓，内侧正中有一较大桥钮；［18］图一〇，15。

24

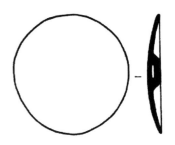

【出土地点】 官台村

【尺　　寸】 直径6.6厘米

【形制描述】 圆形，正面略鼓。内侧正中有
一桥钮。

【发表出处】 ［13］图一，2

25

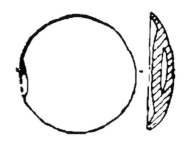

【出土地点】 于家庄M17：2

【尺　　寸】 直径2.7厘米

【形制描述】 圆形，正面略鼓，略有缺损。
内侧正中有一较大桥钮。

【发表出处】 ［16］图一七，4

26

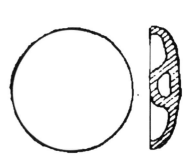

【出土地点】 于家庄SM4：31

【尺　　寸】 直径2.8厘米

【形制描述】 圆形，正面略鼓。内侧正中有
一桥钮。

【发表出处】 ［16］图一七，5

27

【出土地点】　于家庄SM4 ： 37

【尺　　寸】　直径2.6厘米

【形制描述】　圆形，正面略鼓。内侧正中有
　　　　　　　一较大桥钮。

【发表出处】　［16］图一七，9

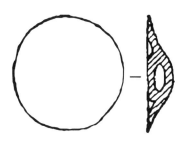

28

【出土地点】　撒门村M1

【尺　　寸】　直径2.3厘米

【形制描述】　圆形，正面较尖圆。内侧正中
　　　　　　　有一桥钮。

【发表出处】　［7］图一三，6

【备　　注】　尺寸根据器物图比例计算。

29

【出土地点】　米塬村

【尺　　寸】　直径6厘米

【形制描述】　圆形，正面略鼓。内侧正中偏
　　　　　　　上有一桥钮。

【发表出处】　［17］图三，3

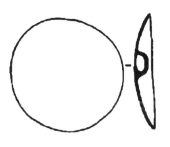

30[①]

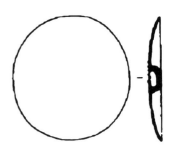

【出土地点】　店洼村

【尺　　寸】　直径6.2厘米

【形制描述】　圆形，正面略鼓。内侧正中有
　　　　　　　一桥钮。

【发表出处】　［17］图七，5

31[②]

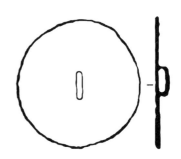

【出土地点】　于家庄M14：29

【尺　　寸】　直径2.9厘米

【形制描述】　圆形，整体扁平。内侧正中有
　　　　　　　一桥钮。

【发表出处】　［16］图一四，16

32

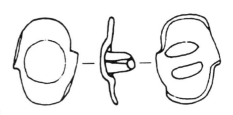

【出土地点】　王大户M6：47

【尺　　寸】　长径2.1，短径1.2厘米

【形制描述】　近椭圆形，内侧有一较高桥钮。

【发表出处】　［20］第201页

---

① 与该器形形制相近的还有：
　　30-2. 王大户M3：2；直径5.6厘米；圆形，正面略鼓，内侧正中偏上有一桥钮；［20］第84页。
② 与该器形形制相近的还有：
　　31-2. 张街村M3；直径3.2厘米；圆形，整体扁平，内侧正中有一桥钮；［18］图一〇，9。
　　31-3. 杨郎乡马庄Ⅰ M6：23；直径3.9厘米；圆形，整体扁平，内侧正中有一桥钮；［11］图二〇，7。

33

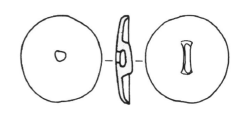

【出土地点】 中庄M1：55

【尺　　寸】 直径2.9厘米

【形制描述】 圆形，正面略鼓。内侧正中偏
　　　　　　 上有一桥钮。

【发表出处】 ［20］第445页

34

【出土地点】 于家庄M10：15

【尺　　寸】 直径3.2厘米

【形制描述】 圆形，整体扁平。内侧正中有
　　　　　　 对称的四个桥钮。

【发表出处】 ［16］图一七，2

35

【出土地点】 撒门村M1

【尺　　寸】 直径4.8厘米

【形制描述】 圆形，正面略鼓。外侧正中有
　　　　　　 一桥钮。

【发表出处】 ［13］图三，9

36①

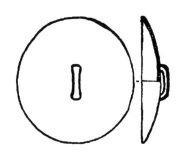

【出土地点】　于家庄SM4：22

【尺　　寸】　直径6.2厘米

【形制描述】　圆形，正面略鼓。外侧正中有
　　　　　　　一桥钮。

【发表出处】　［16］图一七，10

37

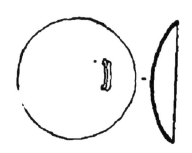

【出土地点】　杨郎乡马庄Ⅰ M8：19

【尺　　寸】　直径6.2，钮长1.5厘米

【形制描述】　圆形，正面略鼓。外侧正中偏
　　　　　　　上有一桥钮。

【发表出处】　［11］图二〇，4

38②

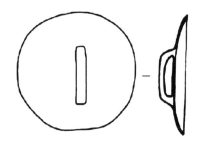

【出土地点】　王大户M1：32

【尺　　寸】　直径4.8厘米

【形制描述】　圆形，正面略鼓。外侧正中有
　　　　　　　一桥钮。

【发表出处】　［20］第43页

---

① 与该器形制相近的还有：
　　杨郎乡马庄Ⅰ M8：22；直径4.3，钮长1.4，钮高0.3厘米；圆形，正面较鼓，外侧正中有一桥钮；［11］
　　图二〇，3。
　　36-2. 王大户M6：26；直径6.6厘米；圆形，正面较鼓，外侧正中有一桥钮；［20］第202页。
② 与该器形制相近的还有：
　　米塬村；直径5.6厘米；圆形，正面略鼓，外侧正中有一桥钮；［17］图三，2。
　　宁夏地区采集；圆形，正面略鼓，外侧正中有一桥钮；［3］图一，11。
　　38-2. 王大户M2-9；直径3.8厘米；圆形，正面略鼓，外侧正中有一桥钮；［20］第67页。
　　王大户M3：17；直径4.2厘米；圆形，正面略鼓，外侧正中有一桥钮；［20］第84页。
　　王大户M5：1；直径4厘米；圆形，正面略鼓，外侧正中有一桥钮；［20］第181页。
　　38-3. 中庄M1：40；直径5.6厘米；圆形，正面略鼓，外侧正中有一桥钮；［20］第443页。

39

【出土地点】　宁夏南部

【形制描述】　圆形，正面略鼓。外侧正中稍
　　　　　　　偏，有一桥钮。

【发表出处】　［3］图二，5

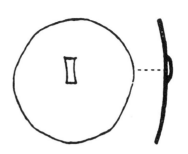

40

【出土地点】　彭阳县白草洼村

【形制描述】　圆形，正面略鼓。外侧正中有
　　　　　　　一桥钮。

【发表出处】　［17］图五，4

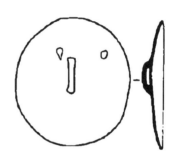

41

【出土地点】　陈阳川村 M3：8

【尺　　寸】　直径3.7厘米

【形制描述】　圆形，正面略鼓。外侧正中稍
　　　　　　　偏有一桥钮。

【发表出处】　［15］图六，2

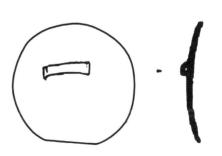

服饰品类

42

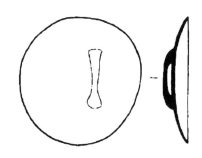

【出土地点】 张街村

【尺　　寸】 直径5厘米

【形制描述】 圆形，正面略鼓。外侧正中偏
　　　　　　上有一桥钮。

【发表出处】 ［17］图一，9

43

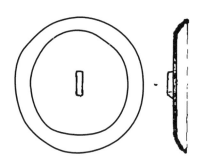

【出土地点】 杨郎乡马庄 I M18：26

【尺　　寸】 直径6，钮长1.1厘米

【形制描述】 圆形，整体扁平，边缘斜直下
　　　　　　折。外侧正面正中有一桥钮。

【发表出处】 ［11］图二〇，5

44

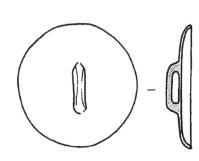

【出土地点】 中庄M1：41

【尺　　寸】 直径4.1厘米

【形制描述】 圆形，正面略鼓。外侧正中有
　　　　　　一桥钮。

【发表出处】 ［20］第444页

45[①]

【出土地点】	撒门村M2
【尺　　寸】	直径8厘米
【形制描述】	圆形，正面略鼓。外侧有两平行桥钮，间距较远。
【发表出处】	［7］图一〇，3
【备　　注】	尺寸根据器物图比例计算。

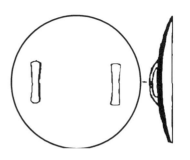

46

【出土地点】	撒门村M1
【形制描述】	圆形，正面略鼓。外侧正中有一桥钮，下部边缘有一斜直桥钮。
【发表出处】	［7］图一〇，2

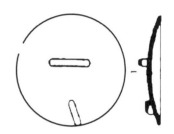

47[②]

【出土地点】	杨郎乡马庄ⅠM8：15
【尺　　寸】	直径6，钮2.2，钮距2.5厘米
【形制描述】	圆形，正面略鼓。外侧有两平行桥钮。
【发表出处】	［11］图二〇，2

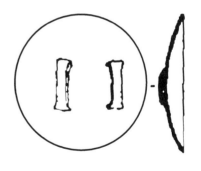

---

① 与该器形形制相近的还有：
　45-2. 杨郎乡马庄ⅡM14：9；直径8.8、钮长1.5、1.7、钮距5.2厘米。圆形，正面略鼓，外侧有两平行桥钮，两钮间距较远；［11］图二〇，1。
　宁夏地区采集；圆形，正面略鼓，外侧有两平行桥钮，两钮间距较远；［3］图一，12。
　彭阳米沟M7；直径6.7厘米；圆形，正面略鼓，外侧有两平行桥钮，两钮间距较远；［20］第794页。
　米塬村；直径7.8厘米；圆形，正面略鼓，外侧有两平行桥钮，两钮间距较远；［17］图三，13。
② 与该器形形制相近的还有：
　于家庄NM3；直径6厘米；圆形，正面较鼓，外侧有两平行桥钮；［16］图一七，6。

48[1]

【出土地点】　于家庄M17：8

【尺　　寸】　直径4.4厘米

【形制描述】　圆形，正面略鼓。正中有两
　　　　　　　圆孔。

【发表出处】　［16］图一七，1

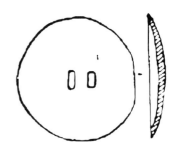

49

【出土地点】　杨郎乡马庄 I M4：87

【尺　　寸】　直径8.4厘米

【形制描述】　圆形，正面略鼓，正中有一圆
　　　　　　　孔。

【发表出处】　［11］图二○，8

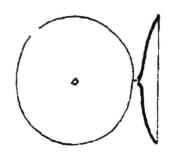

50[2]

【出土地点】　彭阳米沟M11

【尺　　寸】　直径4.5厘米

【形制描述】　圆形，正面较鼓，正中有一较
　　　　　　　大圆孔。

【发表出处】　［20］第796页

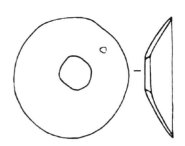

---

① 与该器形形制相近的还有：
　彭阳米沟M6；直径5.5厘米；圆形，正面略鼓，正中有两圆孔；［20］第794页。
② 与该器形形制相近的还有：
　50-2.陈阳川村M3；直径3厘米；圆形，正面较鼓，正中有一较大圆孔；［15］图六，1。
　陈阳川村；直径2.2厘米；圆形，正面较鼓，剖面呈阶梯状，正中有一较大圆孔；［10］图一，4。

51[①]

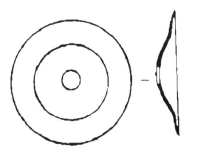

【出土地点】 河川乡上台村芦沟子嘴

【尺　　寸】 直径2.6厘米

【形制描述】 圆形，正面略鼓，剖面呈草帽
　　　　　　形，正中有一较大圆孔。

【发表出处】 ［7］图一，8

【备　　注】 尺寸根据器物图比例计算。

52[②]

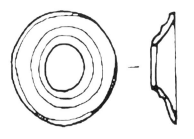

【出土地点】 彭阳米沟22

【尺　　寸】 直径0.7厘米

【形制描述】 圆形，正面较鼓，剖面呈阶梯
　　　　　　状，正中有一较大圆孔。

【发表出处】 ［20］第797页

53

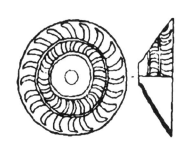

【出土地点】 陈阳川村

【尺　　寸】 直径4.2厘米

【形制描述】 圆形，正面较鼓，正中扁平，
　　　　　　侧面呈梯形。正面有纹饰，正
　　　　　　中有一较大圆孔。

【发表出处】 ［10］图一，12

---

① 与该器形形制相近的还有：
　 张街村 M2，直径4.2，孔径0.6厘米，圆形，正面略鼓，剖面呈草帽形，正中有一较大圆孔。［18］图一
　 〇，2。
② 与该器形形制相近的还有：
　 52-2. 陈阳川村，直径1.5厘米，圆形，正面较鼓，剖面呈阶梯状。正中有一较大圆孔。［10］图一，14。

54

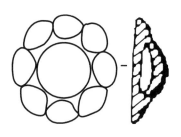

【出土地点】 于家庄 M14 ： 22

【尺　　寸】 直径1.3厘米

【形制描述】 花瓣形，正面较鼓。内侧正中
有一横贯单钮。

【发表出处】 ［16］图一五，17

55

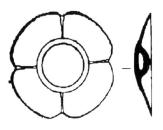

【出土地点】 河川乡上台村芦沟子嘴

【尺　　寸】 直径3.5厘米

【形制描述】 柿蒂形，正面略鼓。内侧正中
有一桥钮。

【发表出处】 ［7］图一一，1

56

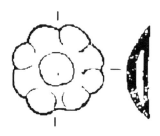

【出土地点】 陈阳川村

【形制描述】 花瓣形，正面略鼓。内侧正中
有一横贯单钮。

【发表出处】 ［7］图一四，9

57

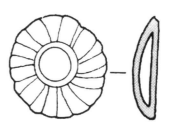

【出土地点】 王大户 M3 ： 8

【尺　　寸】 直径 1.7 厘米

【形制描述】 花瓣形，正面较鼓。内侧正中
　　　　　　有一横贯单钮。

【发表出处】 ［20］第 84 页

58

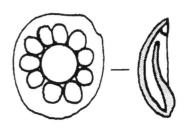

【出土地点】 王大户 M6 ： 8

【尺　　寸】 直径 1.4 厘米

【形制描述】 圆形，上饰花瓣纹，正面略
　　　　　　鼓。内侧正中有一横贯单钮。

【发表出处】 ［20］第 201 页

59

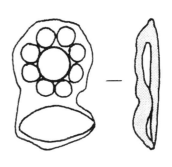

【出土地点】 王大户 M6 ： 9

【尺　　寸】 直径 2.2 厘米

【形制描述】 不规则形。上饰花瓣纹。正面
　　　　　　略鼓。内侧正中有一横贯单
　　　　　　钮。

【发表出处】 ［20］第 201 页

60

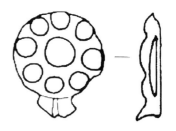

【出土地点】　王大户 M7：3

【尺　　寸】　直径1.6厘米

【形制描述】　不规则形。上饰花瓣纹。正面
　　　　　　　略鼓。内侧正中有一横贯单钮。

【发表出处】　［20］第222页

61

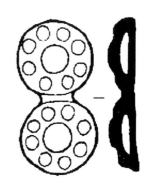

【出土地点】　米塬村

【尺　　寸】　通长3.6厘米

【形制描述】　双联珠形。两圆泡连接而成。
　　　　　　　每一圆泡皆正面略鼓，饰花瓣
　　　　　　　纹。内侧中部有一横梁贯穿两
　　　　　　　圆泡。

【发表出处】　［17］图三，1

62

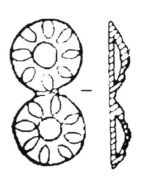

【出土地点】　于家庄 M15：2

【尺　　寸】　通长3.2、宽1.2厘米

【形制描述】　双联珠形，两圆泡连接而成。
　　　　　　　每一圆泡皆正面略鼓，饰花瓣
　　　　　　　纹。内侧中部有一横梁贯穿两
　　　　　　　圆泡。

【发表出处】　［16］图一五，18

63

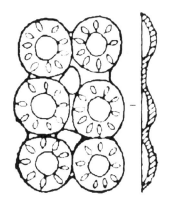

【出土地点】 于家庄 M12：13

【尺　　寸】 通长4.3、宽2.8厘米

【形制描述】 双排三联珠组成。每一圆泡皆
　　　　　　 正面略鼓，饰花瓣纹。中间有
　　　　　　 两孔。

【发表出处】 ［16］图一四，6

64

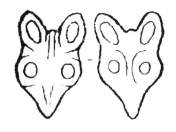

【出土地点】 于家庄 M7：17

【尺　　寸】 通长2.6、宽1.6厘米

【形制描述】 兽首形。兽头立耳，尖嘴。内
　　　　　　 侧眼间有一桥钮。

【发表出处】 ［16］图一五，4

65

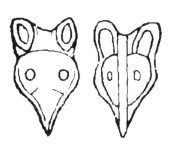

【出土地点】 于家庄 SM5：32

【尺　　寸】 通长2.7、宽1.6厘米

【形制描述】 兽首形。兽头立耳，尖嘴。内
　　　　　　 侧有纵贯竖钮。

【发表出处】 ［16］图一五，5

服饰品类

66

【出土地点】　撒门村M3

【尺　　寸】　通长4厘米

【形制描述】　双联珠中间夹一写实兽首。两侧圆泡皆正面略鼓，饰花瓣纹。内侧中部有一横梁贯穿。

【发表出处】　［7］图一三，10

67

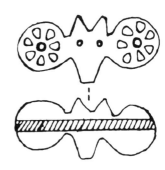

【出土地点】　河川县阳洼村

【形制描述】　双联珠中间夹一简化兽首。每一圆泡皆正面略鼓，饰花瓣纹。内侧中部有一横梁贯穿。

【发表出处】　［3］图一，10

68

【出土地点】　于家庄M12：48

【尺　　寸】　通长3.7、宽2.1厘米

【形制描述】　双联珠中间夹一写实兽首。两侧的圆泡皆正面略鼓，饰花瓣纹。内侧中部有一横梁贯穿。

【发表出处】　［16］图一五，3

69

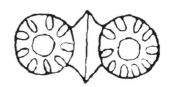

【出土地点】	于家庄M12：29
【尺　　寸】	通长3.4、宽1.6厘米
【形制描述】	双联珠中间夹一简化为六边形的兽首。每一圆泡皆正面略鼓，饰花瓣纹。内侧中部有一横梁贯穿。
【发表出处】	［16］图一五，12

70

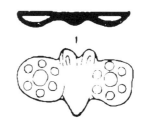

【出土地点】	杨郎乡马庄ⅢM1：14
【尺　　寸】	通长3.7、宽2厘米
【形制描述】	双联珠中间夹一简化兽首，五官不清。每一圆泡皆正面略鼓，饰花瓣纹。内侧中部有一横梁贯穿。
【发表出处】	［11］图一九，8

71

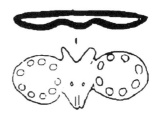

【出土地点】	杨郎乡马庄采集
【尺　　寸】	通长4.7、宽2厘米
【形制描述】	双联珠中间夹一简化兽首。每一圆泡皆正面略鼓，饰花瓣纹。内侧中部有一横梁贯穿。
【发表出处】	［11］图一九，7

72

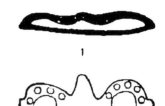

【出土地点】 杨郎乡马庄采集

【尺　　寸】 通长4、宽2厘米

【形制描述】 双联珠中间夹一简化为菱形的
　　　　　　 兽首。每一圆泡皆正面略鼓，
　　　　　　 饰花瓣纹。内侧中部有一横梁
　　　　　　 贯穿。

【发表出处】 ［11］图一九，9

73

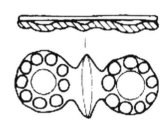

【出土地点】 中庄M1：24

【尺　　寸】 通长3.6、宽1.5厘米

【形制描述】 双联珠中间夹一简化为六边形
　　　　　　 的兽首。每一圆泡皆正面略
　　　　　　 鼓，饰花瓣纹。内侧中部有一
　　　　　　 横梁贯穿。

【发表出处】 ［20］第442页

74

【出土地点】 头营乡坪乐村

【尺　　寸】 直径3.1、厚1.2厘米，重26.5克

【形制描述】 圆形，正面略鼓。浮雕两组虎
　　　　　　 噬鹿图案。背有一钮。

【发表出处】 ［19］第120页

【备　　注】 金质。未进行分期。

三、带扣

1[①]

【出土地点】　中宁县倪丁村 M1 : 5

【尺　　寸】　通长 5.1，宽 2.8 厘米

【形制描述】　整体呈 "8" 字形。近方形扣钮，中间有孔。方形扣环。扣钩位于扣环下端外缘，扣钩斜向下，末端向下弯曲。

【发表出处】　[4] 图三，14

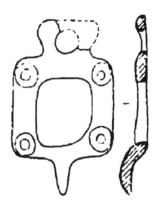

2[②]

【出土地点】　张街村

【尺　　寸】　通长 4.7 厘米

【形制描述】　整体呈 "8" 字形。倒三角形扣钮，中间有孔。圆形扣环。扣钩位于扣环下端内缘，向外伸出。

【发表出处】　[17] 图一，13

---

① 与该器形形制相近的还有：
1-2. 九龙山 M3 : 2；整体呈 "8" 字形，近方形扣钮，中间有孔，方形扣环，扣钩位于扣环下端外缘，扣钩斜向下，末端向下弯曲；[20] 第 532 页。
② 与该器形形制相近的还有：
2-2. 陈阳川村 M3；通长 5.2、宽 4 厘米；整体呈 "8" 字形，近圆形扣钮，中间有孔，圆形扣环，扣钩位于扣环下端中部，向外斜直伸出；[15] 图六，9。

3

【出土地点】　王大户M6：19

【尺　　寸】　通长5厘米

【形制描述】　整体呈"8"字形。近圆形扣钮，中间有孔。圆形扣环。扣钩位于扣环下端中部，向外斜直伸出。

【发表出处】　［20］第201页

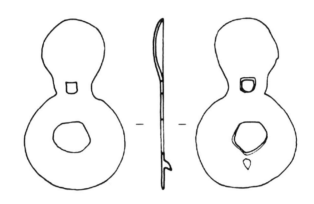

4

【出土地点】　杨郎乡马庄ⅠM3：13

【尺　　寸】　通长3.2、宽2.6厘米

【形制描述】　整体呈"8"字形。近长方形扣钮，中间有孔。近圆形扣环，上有一镂孔。扣钩位于扣环下端外缘，扣钩斜向下，末端向下弯曲。

【发表出处】　［11］图一八，3

5[①]

【出土地点】 中卫县狼窝子坑M5

【尺　　寸】 通长5.1厘米

【形制描述】 整体呈"8"字形。近长方形
扣钮，中间有孔。近圆形扣
环，正面正中有一道弦纹。扣
钩位于扣环下端内缘，向外斜
直伸出。

【发表出处】 ［5］图五，18

6[②]

【出土地点】 于家庄M15：8

【尺　　寸】 通长6.2、宽5.1厘米

【形制描述】 整体呈"8"字形。倒三角形
扣钮，两侧有二道凹槽，中间
有孔。圆形扣环，正面饰数周
交错弧弦纹。扣钩位于扣环下
端内缘，向外伸出。

【发表出处】 ［16］图一三，5

---

① 与该器形制相近的还有：
　5-2. 米塬村；通长6、扣环径3厘米；整体呈"8"字形，近长方形扣钮，中间有孔，圆形扣环，正面饰
　数道弦纹，扣钩位于扣环下端内缘，向外侧伸出，略有弯曲。［17］图三，18。
② 与该器形制相近的还有：
　杨郎乡马庄ⅠM8：28；通长4.2、宽3.1厘米；整体呈"8"字形，近长方形扣钮，中间有孔，圆形扣
　环，正面饰数周交错弧弦纹，扣钩位于扣环下端中部，向外伸出；［11］图一八，2。
　于家庄NM2；通长5.4、宽4.3厘米；整体呈"8"字形，倒三角形扣钮，中间有孔，圆形扣环，正面饰
　数周交错弧弦纹，扣钩位于扣环下端内缘，向外斜直伸出；［16］图一三，4。

7[①]

【出土地点】　杨郎乡马庄

【尺　　寸】　通长4.2、宽3.2厘米

【形制描述】　整体呈"8"字形。近长方形
扣钮，中间有孔。圆形扣环，
正面饰数周交错弧弦纹。扣
钩位于扣环下端内缘，向外
伸出。

【发表出处】　［19］第177页左

8

【出土地点】　中宁县倪丁村M2：19

【尺　　寸】　通长5.6厘米

【形制描述】　整体呈"8"字形。长方形扣
钮，中间有孔。圆形扣环，正
面饰粟点纹。扣钩位于扣环下
端外缘。扣钩斜向下，末端向
下弯曲。

【发表出处】　［4］图四，8

---

① 与该器形相近的还有：
　　张街村；通长6.5、宽5.2厘米；整体呈"8"字形，近长方形扣钮，中间有孔，圆形扣环，正面饰数周交
　错弧弦纹，扣钩位于扣环下端中部，向外略斜直伸出；［18］图一〇，6。

9①

【出土地点】 米塬村

【尺　　寸】 通长5.9厘米

【形制描述】 整体呈"8"字形。倒三角形
扣钮，中间有孔。圆形扣环，
正面饰两周粟点纹。扣钩位
于扣环下端内缘，向外略斜
伸出。

【发表出处】 ［17］图三，17

10②

【出土地点】 于家庄NM2

【尺　　寸】 通长5.8、宽4.2厘米

【形制描述】 整体呈"8"字形。倒三角形
扣钮，中间有孔。圆形扣环，
正面饰两周粟点纹。扣钩位
于扣环下端中部，向外伸出。

【发表出处】 ［16］图一三，7

---

① 与该器形制相近的还有：
  于家庄M17；通长5.6、宽4.4厘米；整体呈"8"字形，倒三角形扣钮，中间有孔，圆形扣环，正面饰三
  周粟点纹，扣钩位于扣环下端中部，向外伸出；［16］图一三，6。
② 与该器形制相近的还有：
  撒门村；宽5.5厘米；整体呈"8"字形，倒三角形扣钮，中间有孔，圆形扣环，正面饰三周不规则方点
  纹，扣钩位于扣环下端中部，向外伸出；［7］图一四，5。

11[①]

【出土地点】	杨郎乡马庄
【尺　　寸】	通长6.8、宽4.5厘米
【形制描述】	整体呈"8"字形。倒三角形扣钮，中间有孔。圆形扣环，正面饰数周粟点纹。扣钩位于扣环下端内缘，向外斜直伸出。
【发表出处】	［19］第177页右

12

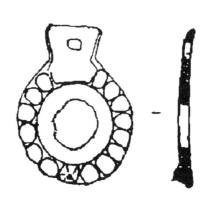

【出土地点】	杨郎乡马庄Ⅰ M8：21
【尺　　寸】	通长4.2、宽3.2厘米
【形制描述】	整体呈"8"字形。倒三角形扣钮，中间有孔。圆形扣环，正面饰一周联珠纹。扣钩位于扣环下端中部，有残缺。
【发表出处】	［11］图一八，1

---

① 与该器形形制相近的还有：
宁夏南部征集；整体呈"8"字形。倒三角形扣钮，中间有孔，近圆形扣环，正面饰两周不规则方点纹，扣钩位于扣环下端中部，向外伸出；［3］图一，7。

13

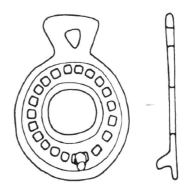

【出土地点】　王大户 M7∶8

【尺　　寸】　通长5厘米

【形制描述】　整体呈"8"字形。长方形扣
钮，中间有孔。圆形扣环，正
面饰粟点纹。扣钩位于扣环下
端外缘，扣钩位于扣环下端中
部，向外伸出。

【发表出处】　［20］第221页

14

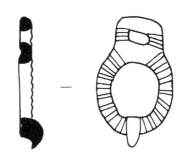

【出土地点】　九龙山 M10∶2

【尺　　寸】　通长4.3厘米

【形制描述】　整体呈"8"字形。长方形扣
钮，中间有孔。圆形扣环，正
面饰弦纹。扣钩位于扣环下端
外缘，扣钩斜向下，末端向下
弯曲。

【发表出处】　［20］第601页

15

【出土地点】　中卫县狼窝子坑M5

【尺　　寸】　通长4.5厘米

【形制描述】　整体呈"8"字形。倒三角形
　　　　　　　扣钮，较小，中间有孔。圆形
　　　　　　　扣环，正面饰一周麦穗纹。扣
　　　　　　　钩位于扣环下端内缘。

【发表出处】　［5］图五，19

16

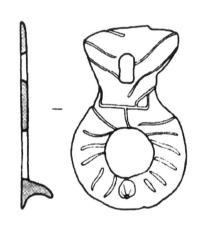

【出土地点】　彭阳米沟112

【尺　　寸】　通长5.1厘米

【形制描述】　整体呈"8"字形。扇形扣钮，
　　　　　　　中间有孔。圆形扣环，正面饰
　　　　　　　弦纹。扣钩位于扣环下端内
　　　　　　　缘。扣钩位于扣环下端中部，
　　　　　　　向外伸出。

【发表出处】　［20］第777页

17

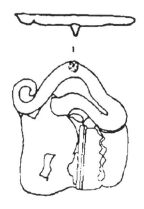

【出土地点】　杨郎乡马庄ⅠM14 ： 15

【尺　　寸】　通长5.2、宽4.3厘米

【形制描述】　整体呈不规则形。不规则近长
　　　　　　　方形扣钮，中间有孔。月牙状
　　　　　　　扣环。

【发表出处】　[11] 图一八，7

18

【出土地点】　固原县河川乡

【尺　　寸】　通长4.7厘米

【形制描述】　双背向兽首式扣钮。大环形扣
　　　　　　　环。扣钩位于扣环下端中部，
　　　　　　　向外伸出。

【发表出处】　[19] 第128页左下

19

【出土地点】　于家庄SM5：20

【尺　　寸】　通长3.1、宽1.8厘米

【形制描述】　整体呈近"8"字形。扣钮正
　　　　　　　中有一较大背钮。近长方形扣
　　　　　　　钮，中间有孔。圆形扣环。扣
　　　　　　　钩位于扣环下端外缘，向外斜
　　　　　　　直伸出。

【发表出处】　［16］图一三，3

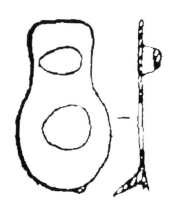

20

【出土地点】　撒门村M3

【尺　　寸】　通长6、宽3.4厘米

【形制描述】　整体呈"8"字形。扣钮正中
　　　　　　　有一背钮。环形扣钮。圆形
　　　　　　　扣环。正中有一长条形镂孔。
　　　　　　　扣钩位于扣环下端外缘向外
　　　　　　　伸出。

【发表出处】　［7］图一四，6

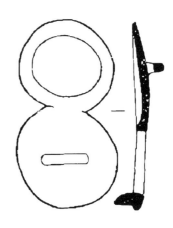

21

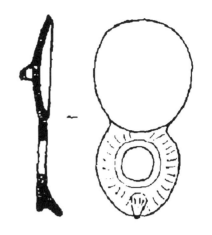

【出土地点】　杨郎乡马庄采集

【尺　　寸】　通长5.2、宽2.8厘米

【形制描述】　整体呈"8"字形。扣钮正中
　　　　　　　有一背钮。圆形扣环，饰绕线
　　　　　　　纹。扣钩位于扣环下端中部，
　　　　　　　向外斜直伸出。

【发表出处】　［11］图一八，4

22

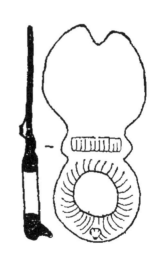

【出土地点】　杨郎乡马庄ⅡM14：19

【尺　　寸】　通长7.4、宽3.9厘米

【形制描述】　整体呈"8"字形。扣钮近扣
　　　　　　　环部有一背钮。上端有缺失，
　　　　　　　环钮之间有格，饰绕线纹。圆
　　　　　　　形扣环，亦饰绕线纹。扣钩位
　　　　　　　于扣环下端中部，向外略斜直
　　　　　　　伸出。

【发表出处】　［11］图一八，9

23

【出土地点】　于家庄M11

【尺　　寸】　通长4.3、宽3.1厘米

【形制描述】　整体近"8"字形。扣钮上部
　　　　　　　有一背钮。长方形扣钮，中间
　　　　　　　有孔。圆形扣环。扣钩位于扣
　　　　　　　环下端外缘，向外斜直伸出。

【发表出处】　［16］图一三，1

24

【出土地点】　杨郎乡马庄Ⅰ M1：39

【尺　　寸】　通长5.6、宽3.2厘米

【形制描述】　整体呈近"8"字形。扣钮上
　　　　　　　部有一背钮。兽形扣钮。圆形
　　　　　　　扣环。扣钩位于扣环下端中
　　　　　　　部，向外略斜直伸出。

【发表出处】　［11］图一八，11

25

【出土地点】　杨郎乡马庄 II M17：27

【尺　　寸】　通长6.5、宽3.7厘米

【形制描述】　整体呈近"8"字形。扣钮正中有一背钮。回首卧兽形扣钮。圆形扣环，在钮下部交错。正面饰麦穗纹。扣钩位于扣环下端内缘，向外伸出。

【发表出处】　[11]图一八，12

26

【出土地点】　杨郎乡马庄 I M7：40

【尺　　寸】　通长6.6、宽3.2厘米

【形制描述】　整体呈近"8"字形。扣钮正中有一背钮。回首卧兽形扣钮，细节较写实。水滴形扣环，正面饰粟点纹。扣钩位于扣环下端中部，向外斜直伸出。

【发表出处】　[11]图一八，10

【备　　注】　文献[19]记录其尺寸为：通长6.5、宽3.7厘米

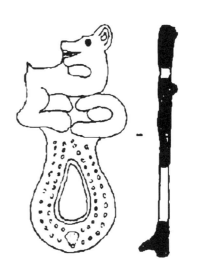

27

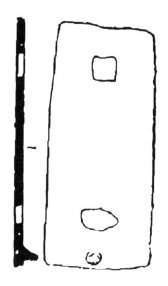

【出土地点】 杨郎乡马庄ⅡM17：16

【尺　　寸】 通长7.6、宽4.1厘米

【形制描述】 整体呈长方形，钮环合一。上下各有一个方形和不规则孔。扣钩位于长方形牌下部近外缘，向外伸出。

【发表出处】 ［11］图一八，5

28

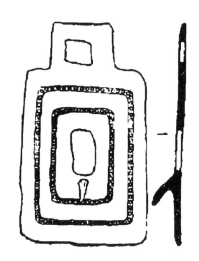

【出土地点】 杨郎乡马庄ⅢM1：52

【尺　　寸】 通长6.9、宽4.6厘米

【形制描述】 长方形扣钮。长方形扣环，中部孔较小，正面饰两周粟点纹。扣钩位于扣环下部内缘，向外斜直伸出。

【发表出处】 ［11］图一八，6

29

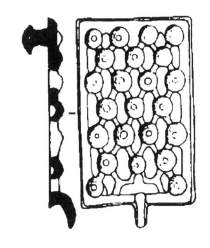

【出土地点】 彭阳县白林村

【尺　　寸】 通长10、宽5.7厘米

【形制描述】 整体呈长方牌形，钮环合一。
首端有一菌形背钮。正面网格
状镂空，相间处有凸圆泡相
接。扣钩位于长方形牌下端外
缘，扣钩斜向下，末端向下
弯曲。

【发表出处】 ［17］图七，15

30

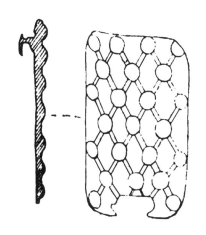

【出土地点】 固原县征集

【形制描述】 整体呈长方牌形，钮环合一。
首端有一菌形背钮。正面网格
状镂空，相间处有凸圆泡相
接。扣钩部残缺。

【发表出处】 ［3］图四，6

四、联珠泡饰

1[①]

【出土地点】　于家庄M5：22

【尺　　寸】　通长3.8、宽2.2厘米

【形制描述】　双排三联珠组成。圆泡素面，
　　　　　　　泡间有三道弦纹。中间有两孔。

【发表出处】　［16］图一四，7

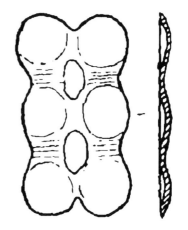

2

【出土地点】　于家庄M17：1：3

【尺　　寸】　通长3.7、宽2.6厘米

【形制描述】　双排三联珠组成。圆泡饰螺旋
　　　　　　　纹，呈"S"形连接。中部镂空。

【发表出处】　［16］图一四，5

---

① 与该器形形制相近的还有：

1-2. 杨郎乡马庄ⅠM7；通长4.2、宽2.5厘米；双排三联珠组成圆泡素面，泡间有三道弦纹，中间有两
孔；［11］图二四，12。

3

【出土地点】 于家庄 M14：6

【尺　　寸】 通长3.8、宽2.4厘米

【形制描述】 双排三联珠组成。圆泡形似夸
张变形的鸟头。中部镂空。

【发表出处】 ［16］图一四，9

【备　　注】 原报告称"鸟纹饰牌"。

4

【出土地点】 撒门村

【尺　　寸】 通长3.4、宽2.3厘米

【形制描述】 双排三联珠组成。圆泡饰螺
旋纹，呈"S"形连接。中部
镂空。

【发表出处】 ［19］第185页左上，左

【备　　注】 共两件。

5[①]

【出土地点】 王大户M3

【尺 寸】 通长3.3、宽2.2厘米

【形制描述】 双排三联珠组成。圆泡饰螺旋纹，呈"S"形连接。中部镂空。

【发表出处】 ［20］第83页

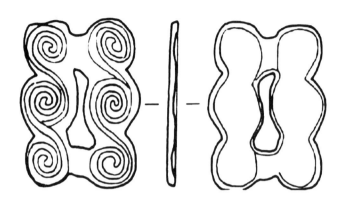

6

【出土地点】 彭阳米沟86

【尺 寸】 通长3.8、宽2.6厘米

【形制描述】 双排三联珠组成。圆泡饰螺
旋纹，呈"S"形连接。中部
镂空。

【发表出处】 ［20］第771页

---

① 与该器形形制相近的还有：
　王大户M5；通长3.2、宽2.3厘米；双排三联珠组成，圆泡饰螺旋纹，呈"S"形连接，中部镂空；［20］
　第181页。
　王大户M6；通长3.4、宽2.1厘米；双排三联珠组成，圆泡饰螺旋纹，呈"S"形连接，中部镂空；［20］
　第201页。
　王大户M7；通长3.5、宽2.4厘米；双排三联珠组成，圆泡饰螺旋纹，呈"S"形连接，中部镂空；［20］
　第221页。

7

【出土地点】	杨郎乡马庄 I M3：34
【尺　　寸】	通长3.3、宽2.1厘米
【形制描述】	双排三联珠组成。圆泡饰螺旋纹，呈"S"形连接。中部镂空。
【发表出处】	［11］图二四，13

8①

【出土地点】	九龙山M3
【尺　　寸】	通长5.2、宽1.6厘米
【形制描述】	单排双联珠。以"W"形纹饰连接。
【发表出处】	［20］第532页

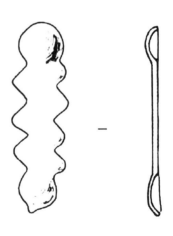

---

① 与该器形制相近的还有：

九龙山M4；单排双联珠之间以"W"形纹饰连接；［20］第544页。

9①

【出土地点】　九龙山M8

【尺　　寸】　通长5.2、宽2.4厘米

【形制描述】　两排双联珠之间以"W"形纹
　　　　　　　饰连接，中部镂空。

【发表出处】　［20］第572页

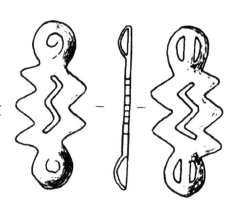

10②

【出土地点】　九龙山M10

【形制描述】　两排双联珠之间以"W"形纹
　　　　　　　饰连接，中部镂空。

【发表出处】　［20］第601页

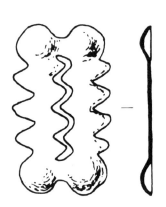

---

① 与该器形制相近的还有：
　　固原县北十三里队；通长4.2厘米；单排双排之间以两排"W"形纹饰连接，中部镂空；［19］第185页
　　右上。
② 与该器形制相近的还有：
　　九龙山M4；两排双联珠之间以"W"形纹饰连接；［20］第544页。

11①

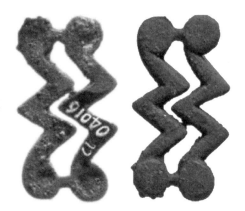

【出土地点】 固原县北十里三队

【尺　　寸】 通长4.2、宽2.1厘米

【形制描述】 两排双联珠之间以"W"形纹
饰连接。

【发表出处】 ［19］第185页右上，左

12

【出土地点】 于家庄M9：17

【尺　　寸】 通长2.7、宽2厘米

【形制描述】 三排四联珠组成。圆泡素面，
中间有孔。

【发表出处】 ［16］图一四，8

---

① 与该器形制相近的还有：
固原县北十里三队；通长4.2、宽2.1厘米；两排双联珠之间以"W"形纹饰连接；［19］第185页右
上，右。

五、S形牌饰

1

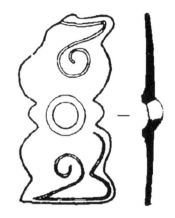

【出土地点】 撒门村

【尺　　寸】 通长4、宽2.9厘米

【形制描述】 云纹牌饰，整体近长方形。正
面上下各有一道卷云纹。中心
有一凸圆泡，上下形制、纹饰
基本呈中心对称。一端略残。
背有一钮。

【发表出处】 ［7］图一三，12

2

【出土地点】 撒门村

【尺　　寸】 通长4.5、宽1.9厘米

【形制描述】 云纹牌饰，整体近长方形。正
面上下各有一道卷云纹。中心
有一凸圆泡，上下形制、纹
饰基本呈中心对称。背有一
桥钮。

【发表出处】 ［13］图二，1

3

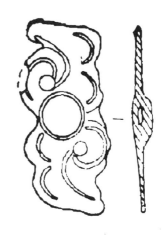

【出土地点】	于家庄M14：10
【尺　　寸】	通长4.3、宽2厘米
【形制描述】	云纹牌饰，整体近长方形。正面通体饰卷云纹，两端各有一个镂孔。中心有一凸圆泡，上下形制、纹饰基本呈中心对称。一端略残。
【发表出处】	［16］图一四，4

4

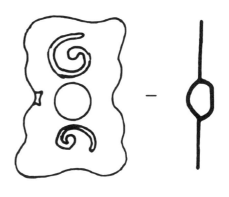

【出土地点】	王大户M1：53
【尺　　寸】	通长4.4、宽2.6厘米
【形制描述】	云纹牌饰，整体近长方形。正面饰卷云纹。中心有一凸圆泡，上下形制、纹饰基本呈中心对称。背有一钮。
【发表出处】	［20］第41页
【备　　注】	共13件一组。

5

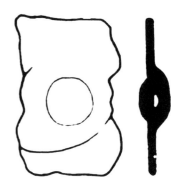

【出土地点】　官台村

【尺　　寸】　通长4.3、宽3厘米

【形制描述】　云纹牌饰，整体近长方形。一端有一道简化云纹。中心有一凸圆泡，上下形制、纹饰基本呈中心对称。背有一桥钮。

【发表出处】　［13］图一，8

6

【出土地点】　河川乡上台村芦子沟嘴

【尺　　寸】　通长4.8厘米

【形制描述】　云纹牌饰，整体近长方形。上下各有一镂孔卷云纹。中心有一凸圆泡，上下形制、纹饰基本呈中心对称。背有一钮。

【发表出处】　［7］图一三，7

7

【出土地点】　河川乡上台村芦子沟嘴

【尺　　寸】　通长4、宽2.9厘米

【形制描述】　云纹牌饰，整体近长方形。正面通体饰卷云纹。中心有一凸圆泡。上下形制、纹饰基本呈中心对称。背有一钮。

【发表出处】　［7］图一三，11

8

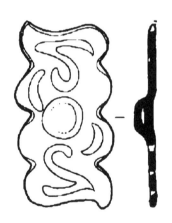

【出土地点】　张街村

【尺　　寸】　通长5.3、宽2.6厘米

【形制描述】　云纹牌饰，整体近长方形。正面通体饰卷云纹。中心有一凸圆泡。上下形制、纹饰基本呈中心对称。背有一钮。

【发表出处】　［17］图一，7

9

【出土地点】 张街村

【尺　寸】 通长4.8、宽3厘米

【形制描述】 云纹牌饰，整体近长方形。正面通体饰卷云纹。中心有一凸圆泡，上下形制、纹饰基本呈中心对称。背有一钮。

【发表出处】 ［17］图一，10

10

【出土地点】 彭阳米沟111

【尺　寸】 残长4.6、残宽2.8厘米

【形制描述】 云纹牌饰，整体近长方形。正面通体饰卷云纹。中心有一凸圆泡，略有残断。背有一桥钮。

【发表出处】 ［20］第777页

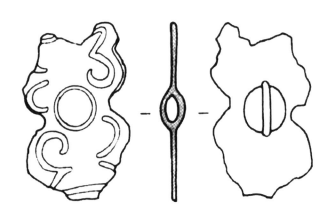

11

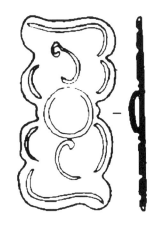

【出土地点】 张街村M3

【尺　　寸】 通长4.7、宽2.5厘米

【形制描述】 云纹牌饰，整体近长方形。正
面通体饰卷云纹。中心有一凸
圆泡，上下形制、纹饰基本呈
中心对称。背有一桥钮。

【发表出处】 ［18］图——，6

12

【出土地点】 张街村M3

【尺　　寸】 通长4.7、宽2.3厘米

【形制描述】 云纹牌饰，整体近长方形。正
面通体饰卷云纹。中心有一凸
圆泡，上下形制、纹饰基本呈
中心对称。背有桥钮。

【发表出处】 ［18］图——，8

13

【出土地点】　张街村M2

【尺　　寸】　通长4.5、宽2.7厘米

【形制描述】　云纹牌饰，整体近长方形。正
面通体饰卷云纹。中心有一凸
圆泡，上下形制、纹饰基本呈
中心对称。背有桥钮。

【发表出处】　[18]图一一，9

14

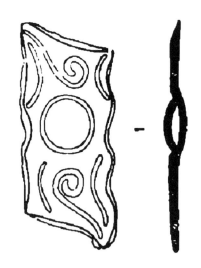

【出土地点】　杨郎乡马庄ⅡM17：20

【尺　　寸】　通长5、宽2.2厘米

【形制描述】　云纹牌饰，整体近长方形。正
面通体饰卷云纹。中心有一凸
圆泡，上下形制、纹饰基本呈
中心对称。背有一钮。

【发表出处】　[11]图一九，2

15

【出土地点】　杨郎乡马庄ⅠM2：39

【尺　　寸】　通长5、宽2.9厘米

【形制描述】　云纹牌饰，整体近长方形。正面通体饰卷云纹。中心有一凸圆泡，上下形制、纹饰基本对称。背有一钮。

【发表出处】　［11］图一九，4

16

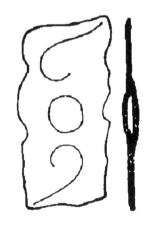

【出土地点】　杨郎乡马庄ⅠM3：8

【尺　　寸】　通长4.6、宽2.3厘米

【形制描述】　云纹牌饰，整体近长方形。正面上下各有一道简化卷云纹。中心有一凸圆泡，上下形制、纹饰基本呈中心对称。背有一钮。

【发表出处】　［11］图一九，1

17

【出土地点】 杨郎乡马庄 I M3：7

【尺　　寸】 通长4.4、宽2.6厘米

【形制描述】 云纹牌饰，整体近长方形。正面通体饰卷云纹。中心有一凸圆泡，上下形制、纹饰基本呈中心对称。背有一钮。

【发表出处】 ［11］图一九，3

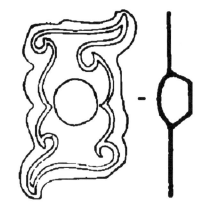

18

【出土地点】 固原县

【形制描述】 云纹牌饰，整体近长方形。正面通体饰简化卷云纹。中间束腰，上下形制、纹饰基本呈中心对称。上下各有一背钮。

【发表出处】 ［3］图四，9

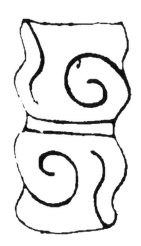

19

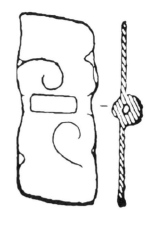

【出土地点】 于家庄M11：13

【尺　　寸】 通长5、宽2.3厘米

【形制描述】 云纹牌饰，整体近长方形。正面通体饰简化卷云纹。中间略束腰，正面中间有一横条凸起，上下形制、纹饰基本呈中心对称。背有桥钮。

【发表出处】 ［16］图一四，13

20

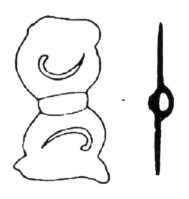

【出土地点】 陈阳川村M3：7

【尺　　寸】 通长3.7、宽2.3厘米

【形制描述】 云纹牌饰，整体近长方形。正面有道简化镂空卷云纹。中间束腰，上下形制、纹饰基本呈中心对称。背有双钮。

【发表出处】 ［15］图六，11

21

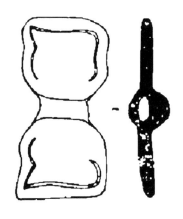

【出土地点】 杨郎乡马庄ⅢM1：47

【尺　　寸】 通长4.4、宽2.1厘米

【形制描述】 云纹牌饰，整体近长方形。正面上下各有一道简化镂空卷云纹。中间束腰，上下形制、纹饰基本呈中心对称。背有钮。

【发表出处】 ［11］图一九，6

22

【出土地点】 王大户M3：6

【尺　　寸】 残长3.3、宽2.4厘米

【形制描述】 云纹牌饰，整体近长方形。正面通体饰卷云纹。中间束腰，上半部残断。背有双钮。

【发表出处】 ［20］第83页

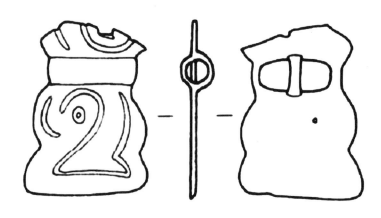

23

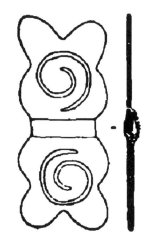

【出土地点】 杨郎乡马庄 I M18：38

【尺　　寸】 通长5.8、宽2.8厘米

【形制描述】 云纹牌饰，整体近长方形。正面上下各有一道简化镂空卷云纹。中间束腰，上下形制、纹饰基本呈中心对称。背有钮。

【发表出处】 ［11］图一九，5

24

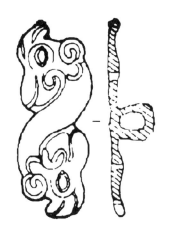

【出土地点】 于家庄M11：4：4

【尺　　寸】 通长4.6、宽1.8厘米

【形制描述】 动物纹牌饰，整体呈反"S"形。上下各有一写实兽首。呈中心对称，细节清楚。两兽首连接部分或为表现兽身及其他部分。背有桥钮。

【发表出处】 ［16］图一四，1

25

【出土地点】 撒门村 M1

【尺　　寸】 通长3、宽1.9厘米

【形制描述】 动物纹牌饰，整体呈反"S"
形。上下各有一写实兽首，呈
中心对称，细节清楚。两兽首
连接部分或为表现兽身及其他
部分，饰弦纹。背有一桥钮。

【发表出处】 ［7］图一三，8

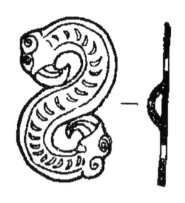

26

【出土地点】 撒门村 M1

【尺　　寸】 通长4、宽2厘米

【形制描述】 动物纹牌饰，整体呈反"S"
形。上下各有一写实兽首，呈
中心对称，细节清楚。两兽首
连接部分或为表现兽身及其他
部分，饰弦纹。

【发表出处】 ［7］图一三，6

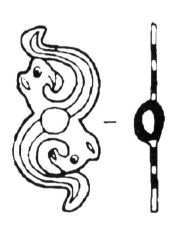

27

【出土地点】 彭阳米沟98

【尺　　寸】 通长4.1、宽2厘米

【形制描述】 动物纹牌饰，整体呈反"S"形。上下各有一写实兽首，呈中心对称，细节清楚。两兽首连接部分或为表现兽身及其他部分，饰方点纹。背有一钮。

【发表出处】 [20]第773页

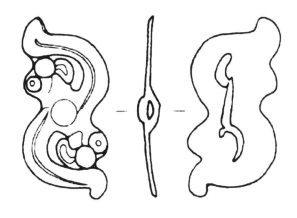

28

【出土地点】 张街村

【尺　　寸】 通长4.1、宽2厘米

【形制描述】 动物纹牌饰，整体呈反"S"形。上下各有一写实兽首，呈中心对称，细节清楚。两兽首连接部分或为表现兽身及其他部分，饰方点纹。背有一钮。

【发表出处】 [17]图一，3

29

【出土地点】　张街村

【尺　　寸】　通长3.5、宽1.7厘米

【形制描述】　动物纹牌饰，整体呈"S"形。
上下各有两个写实兽首，呈中
心对称，细节清楚。两兽首连
接部分或为表现兽身及其他部
分，饰方点纹。背有钮。

【发表出处】　［17］图一，5

30

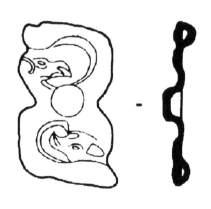

【出土地点】　陈阳川村M3：6

【尺　　寸】　通长4.9、宽2.7厘米

【形制描述】　动物纹牌饰，整体近长方形。
上下各有一写实兽首，呈中心
对称，细节清楚。兽首外围亦
有一道卷曲状装饰。中心有一
圆泡。两兽首连接部分或为
表现兽身及其他部分。背有
一钮。

【发表出处】　［15］图六，10

31

【出土地点】 张街村M2

【尺　　寸】 通长2.8、宽1.8厘米

【形制描述】 动物纹牌饰，整体近长方形。
上下各有一简化兽首，呈中心
对称。兽首外围亦有一道卷曲
状装饰。中心有一圆泡，两兽
首连接部分或为表现兽身及其
他部分。背有钮。

【发表出处】 ［18］图一一，3

32

【出土地点】 彭阳米沟110

【尺　　寸】 通长4.8、宽2.6厘米

【形制描述】 动物纹牌饰，整体近长方形。呈中心对称。背有钮。

【发表出处】 ［20］第777页

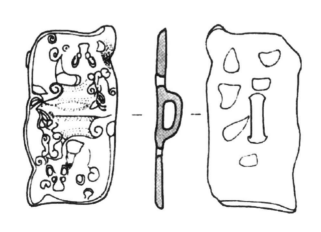

33

【出土地点】 陈阳川村

【尺　　寸】 通长5、宽3.5厘米

【形制描述】 动物纹牌饰，整体近长方形。
上下各有一写实兽首，呈中心
对称，细节较清楚。兽首外围
亦有一道卷曲状装饰。中间有
一道折线纹。两兽首连接部分
或为表现兽身及其他部分。

【发表出处】 ［7］图一三，9

34

【出土地点】 于家庄M14：19

【尺　　寸】 通长3.5、宽1.5厘米

【形制描述】 动物纹牌饰，整体呈"S"形。
上下各有一兽首，形态较简
化，眼、耳可见。中心有一圆
泡。背有钮。

【发表出处】 ［16］图一四，10

35

【出土地点】　于家庄M17：9

【尺　　寸】　通长4.6、宽2.2厘米

【形制描述】　"S"纹牌饰。整体呈"S"形。中心有一圆泡。圆泡两侧有弧线纹。背有钮。

【发表出处】　[16] 图一四，2

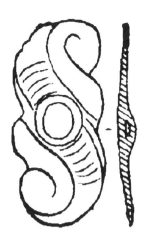

36

【出土地点】　于家庄M16：36

【尺　　寸】　通长4.5、宽1.9厘米

【形制描述】　"S"纹牌饰。整体呈"S"形。通体饰卷云纹。背有钮。

【发表出处】　[16] 图一四，3

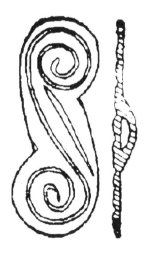

37

【出土地点】　张街村 M2

【尺　　寸】　通长 5.7、宽 4.2 厘米

【形制描述】　变体 "S" 纹牌饰。整体呈半 "S" 形。上部为一圆泡。下部为卷云
　　　　　　　纹。中间镂空。素面无纹饰。形态简洁。背有钮。

【发表出处】　［18］图一一，1

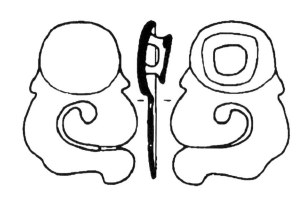

38

【出土地点】　张街村 M2

【尺　　寸】　通长 5、宽 3.2 厘米

【形制描述】　变体 "S" 纹牌饰。整体呈半
　　　　　　　"S" 形。上部为一圆泡。下部
　　　　　　　为卷云纹，中间镂空。素面无
　　　　　　　纹饰。形态简洁。背有钮。

【发表出处】　［18］图一一，4

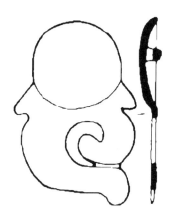

39

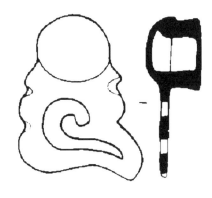

【出土地点】　张街村 M2

【尺　　寸】　通长 4.4、宽 3 厘米

【形制描述】　变体 "S" 纹牌饰。整体呈半
　　　　　　　"S" 形。上部为一圆泡，下部
　　　　　　　为卷云纹，中间镂空。素面无
　　　　　　　纹饰，形态简洁。

【发表出处】　［18］图一一，7

40

【出土地点】　张街村 M3

【尺　　寸】　通长 3、宽 2.6 厘米

【形制描述】　变体 "S" 纹牌饰。整体呈半
　　　　　　　"S" 形。上部为一变体圆泡，
　　　　　　　下部为卷云纹，中间镂空。素
　　　　　　　面无纹饰，形态简洁。背有
　　　　　　　钮。

【发表出处】　［18］图一一，2

41

【出土地点】 河川乡上台村芦子沟嘴

【尺　　寸】 通长4.8、高1厘米

【形制描述】 变体"S"纹牌饰。整体呈半
"S"形。上部为一花瓣形泡。
下部为卷云纹，中间镂空。
素面无纹饰，形态简洁。背
有钮。

【发表出处】 ［7］图一四，10

42①

【出土地点】 彭阳米沟113

【尺　　寸】 通长4.8、高2.3厘米

【形制描述】 简化"S"纹牌饰。整体呈
"S"形。素面无纹饰，形态简
洁。中心有一圆泡。背有钮。

【发表出处】 ［20］第777页

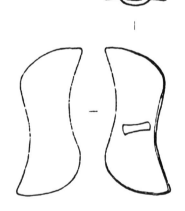

---

① 与该器形制相近的还有：
彭阳米沟114；通长4.8、高2.3厘米；简化"S"纹牌饰。整体呈"S"形。素面无纹饰，形态简洁，中
心有一圆泡，背有钮；［20］第777页。

43[①]

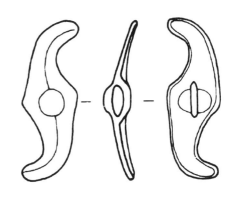

【出土地点】　王大户 M7：24

【尺　　寸】　通长 4.2、高 1.6 厘米

【形制描述】　"S" 纹牌饰。整体呈 "S" 形。
　　　　　　　中心有一圆泡。素面无纹饰，
　　　　　　　形态简洁。中心有一圆泡。背
　　　　　　　有钮。

【发表出处】　[20] 第 221 页

44

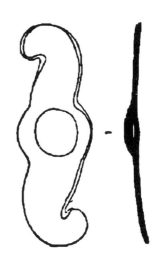

【出土地点】　杨郎乡马庄 Ⅲ M4：83

【尺　　寸】　通长 7.7、宽 2.7 厘米

【形制描述】　"S" 纹牌饰。整体呈 "S" 形。
　　　　　　　中心有一圆泡。素面无纹饰，
　　　　　　　形态简洁。中心有一圆泡。背
　　　　　　　有钮。

【发表出处】　[11] 图一九，11

---

① 与该器形形制相近的还有：
　彭阳米沟115；通长 4.2、高 1.6 厘米；"S" 纹牌饰，整体呈 "S" 形，素面无纹饰，形态简洁，中心有一
　圆泡，背有钮；[20] 第 774 页。

45

【出土地点】 杨郎乡马庄

【尺　　寸】 通长4.1、宽2.7厘米

【形制描述】 "S"纹牌饰。整体呈"S"形。
中心有一圆泡。素面无纹饰，
形态简洁。背有桥钮。

【发表出处】 ［19］第185页左下

46

【出土地点】 于家庄

【尺　　寸】 通长4.5、宽1.6厘米

【形制描述】 "S"纹牌饰。整体呈"S"形。
素面无纹饰，形态简洁。背有
桥钮。

【发表出处】 ［19］第180页右侧

47

【出土地点】 杨郎乡马庄

【尺　　寸】 通长7.7、宽2.7厘米

【形制描述】 "S"纹牌饰。整体呈"S"形。
中心有一圆泡。素面无纹饰，
形态简洁。

【发表出处】 ［19］第186页上

六、动物纹牌饰

1

【出土地点】 张街村 M2

【尺　　寸】 长6.8、宽4.2厘米

【形制描述】 写实行走状单体食肉动物。素
面，吻部细长，有一扣钮。尾
部下垂至足部，尾端上翘。四
臂，背有一桥钮。

【发表出处】 ［18］图一一，5

【备　　注】 文献［19］记录其尺寸为：通
长7.4、宽4.5厘米。

2

【出土地点】 彭阳县姚河村

【尺　　寸】 长9、宽4厘米

【形制描述】 写实行走状单体食肉动物。上
半身饰阴刻线纹，吻部细长。
尾部夹于股间，卷曲至腹部。
头部前有一半圆形扣环背有一
桥钮。

【发表出处】 ［7］图一二，4

3

【出土地点】 杨郎乡马庄 I M12：5

【尺　　寸】 通长9.3、宽5.2厘米

【形制描述】 较简省行走状单体食肉动物。
周身饰阴刻线纹，吻部圆钝。
尾部下垂至足部，尾端上翘。

【发表出处】 ［11］图一九，15

4

【出土地点】 固原县中河乡

【尺　　寸】 通长6.2、宽4.7、厚0.5厘米，
重84.1克

【形制描述】 有边框的行走状单体食肉动
物。周身饰卷云纹、三角纹
等，吻部细长，唇部向上翻
卷。尾部竖直下垂，与背部鬃
毛和足部形成边框。背有一
钮。金质。

【发表出处】 ［19］第100页

【备　　注】 原报告称"怪兽纹金带饰"。

5

【出土地点】 固原县潘家庄农场

【尺　　寸】 通长8、宽5厘米

【形制描述】 有边框的写实行走状单体食肉
动物。素面，吻部细长，臀部
向上翻卷。背部鬃毛未演卷
曲，尾部下垂，尾端上翘。嘴
部有一扣钩。背有两桥钮。

【发表出处】 ［19］第102页

【备　　注】 原报告称"鎏金虎纹铜带扣"。

6

【出土地点】 彭阳县白杨林村

【尺　　寸】 长8、宽4.5厘米

【形制描述】 写实食肉动物捕食场景。食肉
动物为素面，吻部细长，嘴部
有一扣钩。尾部下垂至足部，
上饰麦穗纹，尾端上翘。猎物
体型较食肉动物小。

【发表出处】 ［7］图一二，1

7

【出土地点】 杨郎乡马庄 I M12：5

【尺　　寸】 长9.5、宽5.2厘米

【形制描述】 简化食肉动物捕食场景。食肉
动物为素面，吻部圆钝。尾部
翻卷至背部。猎物体型较食肉
动物小。背有三个桥钮。

【发表出处】 ［11］图一九，12

【备　　注】 原报告称"铜带饰"。

8

【出土地点】 杨郎乡马庄

【尺　　寸】 通长9.5、宽5厘米

【形制描述】 简化食肉动物捕食场景。食肉
动物为素面，吻部圆钝。尾部
翻卷至背部。猎物体型较食肉
动物小。

【发表出处】 ［19］第106页

9

【出土地点】 杨郎乡马庄Ⅲ M4 ：82

【尺　　寸】 长12、宽6.3厘米

【形制描述】 写实类肉动物捕食场景。食肉
　　　　　　 动物为素面，吻部细长。尾部
　　　　　　 下垂至足部。头部前有一半圆
　　　　　　 形扣环。猎物体型较食肉动物
　　　　　　 小。

【发表出处】 ［11］图一八，8

【备　　注】 原报告称"铜带扣"。

10

【出土地点】 杨郎乡马庄Ⅲ M3 ：65

【尺　　寸】 长8.1、宽4.5厘米

【形制描述】 写实食肉动物捕食场景。食肉
　　　　　　 动物为素面，吻部细长。周身
　　　　　　 饰三角纹。尾部下垂至足部。
　　　　　　 猎物体型较食肉动物小，体态
　　　　　　 不清。

【发表出处】 ［11］图一九，16

11

【出土地点】 彭阳县古城乡

【尺　　寸】 长6.9、高4.7厘米

【形制描述】 写实类肉食动物捕食场景。食肉动物为素面，吻部圆钝，嘴部有一扣钩，周身饰三角纹，尾部翻卷至背部。猎物体型较食肉动物小，体态不清。

【发表出处】 ［17］图七，9

【备　　注】 文献［19］记录其尺寸为：通长6.7、宽4.4厘米。

12

【出土地点】 张街村M2

【尺　　寸】 长7.5、最宽处4.7厘米

【形制描述】 写实类肉动物捕食场景。食肉动物周身饰阴线纹，吻部细长。尾部下垂至足部，尾端上翘。猎物呈回首状，体型较食肉动物小。凹背，背有两桥钮。

【发表出处】 ［18］图一一，10

【备　　注】 文献［19］记录其尺寸为：通长7.6、宽4.9厘米。

13

【出土地点】　陈阳川村采集

【尺　　寸】　长9.6、宽5厘米

【形制描述】　写实食肉动物捕食场景。食肉
动物周身饰阴线纹。吻部细
长，嘴部有一扣钩。尾部下垂
至足部，尾端上翘。食草动
物呈回首状，体型较食肉动
物小。

【发表出处】　［7］图一二，2

【备　　注】　文献［19］记录其尺寸为：通
长10、宽5厘米。

14

【出土地点】　陈阳川村采集

【尺　　寸】　长10.6、宽5厘米

【形制描述】　写实食肉动物捕食场景。食肉
动物周身饰阴线纹。吻部细
长，嘴部有一扣钩。尾部下垂
至足部，尾端上翘。食草动
物体型较食肉动物小，体态
不清。

【发表出处】　［7］图一二，3

15

【出土地点】 杨郎乡

【尺　寸】 通长13.7、宽8.2厘米

【形制描述】 写实食肉动物捕食场景。食肉动物周身饰阴线纹，吻部有一扣钩。尾部下垂至足部。食草动物体型较食肉动物小，一半身体位于食肉动物头上。

【发表出处】 ［1］图一

16

【出土地点】 西吉县陈阳川村

【尺　寸】 通长11.9、宽6.7、厚0.2厘米

【形制描述】 写实食肉动物捕食场景。食肉动物周身饰卷云纹和粟点纹。吻部细长，唇部向上翻卷至额头。尾部向上翻卷至背部，尾端为双鸟回首形。食草动物体型较食肉动物小。

【发表出处】 ［15］图八，1

【备　注】 文献［19］记录其尺寸为：通长12.4、宽6.5厘米。

17

【出土地点】　三营乡

【尺　　寸】　通长6.9、宽4.5厘米，重94.2克

【形制描述】　有长方形边框的两动物，呈相
　　　　　　　互颠倒的姿态，皆呈奔跑状。
　　　　　　　细节不清。

【发表出处】　［3］图四，11

【备　　注】　金质。

18

【出土地点】　王大户M1：41

【尺　　寸】　通长6.8厘米

【形制描述】　兽形，身体呈"S"形，上饰
　　　　　　　卷云纹。

【发表出处】　［20］第40页

19

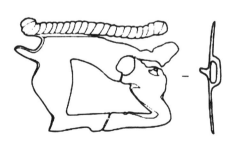

【出土地点】　彭阳米沟198

【尺　　寸】　通长6.4厘米

【形制描述】　兽形，形近羊，有背钮。

【发表出处】　［20］第770页

20

【出土地点】 彭阳米沟199

【尺　　寸】 通长7.6厘米

【形制描述】 兽形，形近羊，有孔。

【发表出处】 ［20］第815页

【备　　注】 另有彭阳米沟198，残断。见
　　　　　　 ［20］第770页

21

【出土地点】 彭阳米沟209

【尺　　寸】 残长4.6厘米

【形制描述】 兽形。头颈部残断。有柱形钮。

【发表出处】 ［20］第770页

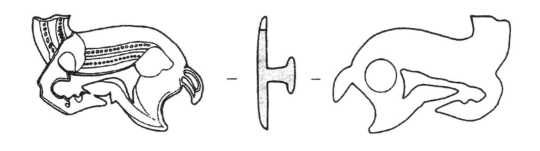

22

【出土地点】 河川乡上台村

【尺　　寸】 通长7.8、宽4.9厘米

【形制描述】 整体为近S形牌饰。两兽头呈
　　　　　　 中心对称，身体交错，身上饰
　　　　　　 粟点纹和卷云纹。头部有角。
　　　　　　 一端有一凸钉，背边一端有一
　　　　　　 桥钮。

【发表出处】 ［7］图一二，5

23

【出土地点】 头营乡双台村

【尺　　寸】 通长9.1、宽5.8厘米

【形制描述】 整体为近S形牌饰。两兽头呈中心对称，身体相接。

【发表出处】 ［19］第112页

24

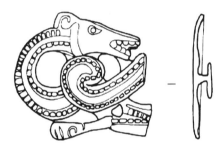

【出土地点】 王大户M2：15

【尺　　寸】 残长4.5厘米

【形制描述】 整体为近S形牌饰。兽形，身上饰联珠纹。背有柱形钮。

【发表出处】 ［20］第65页

25

【出土地点】 固原县河川乡

【尺　　寸】 通长6.1、宽4.3厘米

【形制描述】 整体为近S形牌饰。两兽头呈中心对称，身体相接，身上饰联珠纹。正面一端有一扣钩。

【发表出处】 ［19］第127页左下

【备　　注】 原报告称"铜扣饰"。

26

【出土地点】 固原县河川乡

【尺　　寸】 通长6、宽4厘米

【形制描述】 整体为近S形牌饰。两兽头
　　　　　　呈中心对称，身体相接，身
　　　　　　上饰联珠纹。正面一端有一
　　　　　　扣钩。

【发表出处】 ［19］第127页右上

【备　　注】 原报告称"铜带扣"。

27

【出土地点】 于家庄M12：1

【尺　　寸】 通长3.4、宽3.1厘米

【形制描述】 双鹿形饰。雌鹿回首，雄鹿骑
　　　　　　于雌鹿背上，作交配状。

【发表出处】 ［19］第116页

28

【出土地点】 于家庄NM3

【尺　　寸】 通长11.1厘米

【形制描述】 近葫芦形。正面浮雕一鸟首蛇
　　　　　　身兽，鸟首为立体圆雕，蛇身
　　　　　　为高浮雕，喙部下方有一圆
　　　　　　孔。背有一桥钮，残断。

【发表出处】 ［19］第119页

29

【出土地点】　吕坪村

【尺　　寸】　通长7.2、宽4.5厘米

【形制描述】　形态不规则，应为S形牌饰的
　　　　　　　变体。通体镂空，正面一端有
　　　　　　　一扣钩，背面有一横钮。

【发表出处】　［19］第127页右下

【备　　注】　原报告称"铜带扣"。

30

【出土地点】　王大户M7：29

【尺　　寸】　通长3.6厘米

【形制描述】　形态不规则，上饰圆点纹。

【发表出处】　［20］第221页

31

【出土地点】　杨郎乡大北山

【尺　　寸】　通长5.3、宽5.3厘米

【形制描述】　双豹形饰。一大一小两豹相
　　　　　　　抱，似为表现母子。小豹腹侧
　　　　　　　有一凸钮。

【发表出处】　［19］第121页

【备　　注】　原报告称"铜扣饰"。

32

【出土地点】 中卫县狼窝子坑M1

【尺　　寸】 通长11.6、上部宽3.3、高1.5、中间宽6.3、厚0.3厘米

【形制描述】 上部两肩有凹型缺口，中部长方形，下部为三角形。镂空图案。以
中间方銎为界，銎上部中央有一条大盘龙，龙头向下，有两条盘曲
长尾。龙头两侧各有一条小龙。銎下部为与上部类似的大盘龙。龙
的鼻、眼、口处均有红铜颗粒突起，背面上方有一钉钮。

【发表出处】 ［5］图六，1

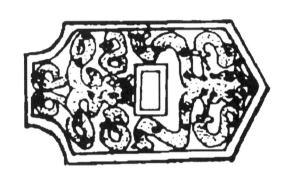

33

【出土地点】 陈阳川村

【尺　　寸】 通长6.2、宽4.2厘米

【形制描述】 圆泡上有花圈形首，由两侧的写实双鸟回首与中间的三朵花瓣构成。
圆泡正中浮雕一卷曲动物纹。背有一钮。

【发表出处】 ［19］第122页

【备　　注】 原报告称"铜扣饰"。

34

【出土地点】　陈阳川村

【尺　　寸】　通长7、宽4.5厘米

【形制描述】　整体近椭圆形。首端的兽首及
喙部卷曲，形成带钩。钩钮由
一动物卷曲成环状，上有纹
饰。带钩与钩钮由三兽首连
接。背中上部有一竖桥钮。

【发表出处】　[19] 第124页

【备　　注】　原报告称"铜带钩"。

35

【出土地点】　杨郎乡马庄Ⅲ M6

【尺　　寸】　通长3.6、宽3.4厘米

【形制描述】　整体呈扁"8"字形。透雕的
两牛头相背，大角弯曲，外有
边框饰联珠纹。背有一钮。

【发表出处】　[19] 第127页左上

【备　　注】　原报告称"铜带饰"。

36

【出土地点】　彭阳县沟口乡

【尺　　寸】　通长6.7、宽3.8、高3厘米

【形制描述】　不规则长圆形牌饰上有一立体圆雕动物，形似站立的大象。背有一
　　　　　　　孔，一钮。

【发表出处】　［19］第126页

【备　　注】　原报告称"铜扣饰"。

七、管状饰

1

【出土地点】 中宁县倪丁村

【尺　　寸】 通长3厘米

【形制描述】 鼓腹状，两端螺旋管状。中间
一孔贯通。

【发表出处】 ［4］图三，7

【备　　注】 尺寸是根据器物图比例计算的。

2

【出土地点】 苋麻村

【尺　　寸】 通长3、管径0.7厘米

【形制描述】 鼓腹状，两端螺旋管状。中间
一孔贯通。

【发表出处】 ［17］图四，12

3

【出土地点】 彭阳米沟171

【尺　　寸】 通长3.2厘米

【形制描述】 鼓腹状，两端螺旋管状。中间
一孔贯通。

【发表出处】 ［20］第760页

4

【出土地点】 撒门村M3

【尺　寸】 残长3.7厘米

【形制描述】 鼓腹状，两端螺旋管状。有残
　　　　　　缺，中空。

【发表出处】 ［7］图一四，2

【备　注】 尺寸是根据器物图比例计算。

5

【出土地点】 于家庄M16：21

【尺　寸】 通长3、管径0.65厘米

【形制描述】 鼓腹状，两端螺旋管状。中
　　　　　　空。

【发表出处】 ［16］图一五，16

6

【出土地点】 杨郎乡马庄ⅠM5：17

【尺　寸】 通长3.2、管径0.8厘米

【形制描述】 鼓腹状，两端螺旋管状。有明
　　　　　　显的铸缝，中空。

【发表出处】 ［11］图一七，6

7

【出土地点】 中庄M1：20

【尺　寸】 通长4.5厘米

【形制描述】 鼓腹状，两端螺旋管状。中空。

【发表出处】 ［20］第447页

8

【出土地点】 中宁县倪丁村

【尺　寸】 通长1.4厘米

【形制描述】 鼓腹状，两端各一道螺旋纹。
　　　　　　 整体短小。中间一孔贯通。

【发表出处】 ［4］图三，9

【备　注】 尺寸是根据器物图比例计算的。

9

【出土地点】 中宁县倪丁村

【尺　寸】 通长2.4厘米

【形制描述】 可分两节，每节均为鼓腹状，
　　　　　　 两端各一道螺旋纹。中间一孔
　　　　　　 贯通。

【发表出处】 ［4］图三，8

【备　注】 尺寸是根据器物图比例计算的。

10

【出土地点】　九龙山M5：1

【尺　　寸】　通长1厘米

【形制描述】　鼓腹状，两端各一道螺旋纹。
整体短小。中间一孔贯通。

【发表出处】　［20］第549页

【备　　注】　尺寸是根据器物图比例计算。

11

【出土地点】　九龙山M5：2

【尺　　寸】　通长0.8厘米

【形制描述】　鼓腹状，两端各一道螺旋纹。
整体短小。中间一孔贯通。

【发表出处】　［20］第549页

12

【出土地点】　九龙山M10

【形制描述】　鼓腹状，两端各一道螺旋纹。
整体短小。中间一孔贯通。

【发表出处】　［20］第601页

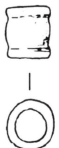

服饰品类

13

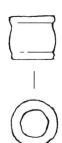

【出土地点】	九龙山M10
【形制描述】	鼓腹状，两端各一道螺旋纹。整体短小。中间一孔贯通。
【发表出处】	［20］第601页

14

【出土地点】	于家庄SM5：27
【尺　　寸】	通长3.4、宽1.4厘米
【形制描述】	直筒状，镂空。剖面近长方形。
【发表出处】	［16］图一七，13

15

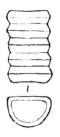

【出土地点】	于家庄NM3
【尺　　寸】	通长3.3、宽2.1厘米
【形制描述】	直筒状，有多道凸棱。剖面呈半圆形。管内残存绳索痕迹。
【发表出处】	［16］图一七，14
【备　　注】	原报告称"马项饰"。

16

【出土地点】	陈阳川村M3
【尺　　寸】	通长3.2、直径0.8厘米
【形制描述】	直筒状，上饰带状凹纹。剖面近圆形。
【发表出处】	［15］图六，6

17

【出土地点】	陈阳川村M3
【尺　　寸】	通长1.7、长径1厘米
【形制描述】	中间束腰，有镂孔。剖面呈椭圆形。
【发表出处】	［15］图五，4

18

【出土地点】	陈阳川村M3
【尺　　寸】	通长2.1、长径1.2厘米
【形制描述】	直筒状，上有方块状突起。剖面呈椭圆形。
【发表出处】	［15］图五，5

服饰品类

19

【出土地点】 陈阳川

【尺　　寸】 通长4.1、宽2.4厘米

【形制描述】 直筒状，上有两列月牙形镂空
纹饰。剖面近半椭圆形。

【发表出处】 ［15］图八，7

20

【出土地点】 陈阳川村M3

【尺　　寸】 通长2.9、直径1厘米

【形制描述】 直筒状，有多道凸棱。剖面呈
半圆形。

【发表出处】 ［15］图六，5

21

【出土地点】 杨郎乡马庄ⅠM8

【尺　　寸】 通长1、长径1.5厘米

【形制描述】 单节铜箍，一端有凸起。剖面
呈椭圆状。

【发表出处】 ［11］图二一，5

【备　　注】 原报告称"马项饰"。

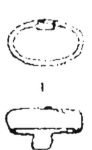

22

【出土地点】　杨郎乡马庄 I M12 ：15

【尺　　寸】　通长2、长径1.5厘米

【形制描述】　三节铜箍，一端有凸起。剖面
　　　　　　　呈椭圆形。

【发表出处】　［11］图二一，4

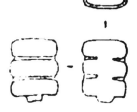

23

【出土地点】　苋麻村

【尺　　寸】　通长1.4厘米

【形制描述】　直筒状，素面。剖面呈长方形。

【发表出处】　［17］图四，7

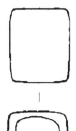

24

【出土地点】　陈阳川村

【尺　　寸】　通长1.7、直径1.5厘米

【形制描述】　直筒状，素面。剖面呈半圆形。

【发表出处】　［15］图八，8

25

【出土地点】　陈阳川村

【尺　　寸】　通长1.8、直径1.4厘米

【形制描述】　直筒状，素面。剖面呈半圆形。

【发表出处】　［10］图一，5

八、环

1

【出土地点】　中宁县倪丁村M2∶25

【尺　　寸】　直径4.9厘米

【形制描述】　有纹饰铜环，通体饰数道弦
纹。剖面扁圆形。

【发表出处】　［4］图四，7

2

【出土地点】　九龙山M11∶1

【尺　　寸】　外径5、内径3.6厘米

【形制描述】　有纹饰铜环，通体饰数道弦
纹。剖面扁圆形。

【发表出处】　［20］第615页

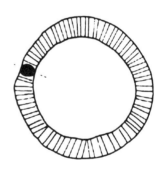

3

【出土地点】　于家庄SM3∶4

【尺　　寸】　环径4.8厘米

【形制描述】　有纹饰铜环，通体饰涡纹。剖
面扁平状。

【发表出处】　［16］图一五，8

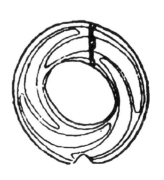

4

【出土地点】 彭阳县白草洼村

【尺　　寸】 直径4.5厘米

【形制描述】 有纹饰铜环，中间有一道弦
　　　　　　纹。剖面扁平状。

【发表出处】 ［17］图五，9

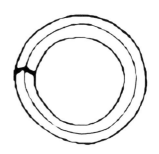

5

【出土地点】 彭阳县白林村

【尺　　寸】 外径4、内径3.5厘米

【形制描述】 有纹饰铜环，中间有一道弦
　　　　　　纹。剖面扁圆形。

【发表出处】 ［17］图七，14

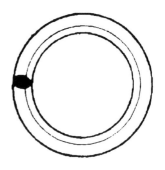

6

【出土地点】 杨郎乡马庄ⅠM4：12

【尺　　寸】 内径1.5、外径4.7、环宽2.1、
　　　　　　环厚0.1厘米

【形制描述】 有纹饰铜环，通体饰涡纹。剖
　　　　　　面扁平状。

【发表出处】 ［11］图一七，17

7

【出土地点】 彭阳县古城乡

【尺　　寸】 直径5厘米

【形制描述】 有纹饰铜环，通体饰数道弦
　　　　　　纹。剖面扁圆形。

【发表出处】 ［7］图一四，7

8

【出土地点】 张街村M3

【尺　　寸】 内径2.3、外径4.3厘米

【形制描述】 有纹饰铜环，通体饰涡纹。剖
　　　　　　面扁平状。

【发表出处】 ［18］图一〇，4

9

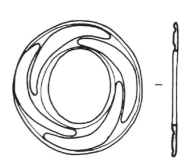

【出土地点】 王大户M7：23

【尺　　寸】 内径2.5、外径4.7厘米

【形制描述】 有纹饰铜环，通体饰涡纹。剖
　　　　　　面扁平状。

【发表出处】 ［20］第222页

10

【出土地点】 倪丁村 M2 ： 20

【尺　　寸】 直径 8.5 厘米

【形制描述】 素面铜环。剖面扁平状。

【发表出处】 ［4］图四，10

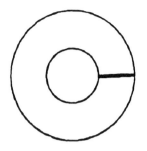

11

【出土地点】 九龙山 M4 ： 4

【形制描述】 素面铜环。剖面扁圆形。

【发表出处】 ［20］第 544 页

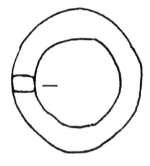

12

【出土地点】 河川乡上台村芦子沟嘴

【尺　　寸】 直径 4.5 厘米

【形制描述】 素面铜环。剖面扁平状。

【发表出处】 ［7］图一四，11

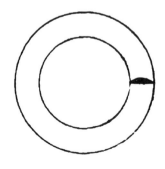

13

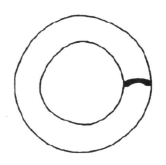

【出土地点】　陈阳川村采集

【尺　　寸】　直径6.7、环宽1.4厘米

【形制描述】　素面铜环，正面略鼓。剖面扁
平状。

【发表出处】　［15］图九，1

14

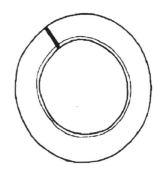

【出土地点】　张街村M2

【尺　　寸】　内径4.1、外径6.4厘米

【形制描述】　素面铜环。正面略鼓。

【发表出处】　［18］图一〇，5

15

【出土地点】　陈阳川村

【尺　　寸】　直径6.8厘米

【形制描述】　素面铜环。正面略鼓。剖面扁
平状。

【发表出处】　［10］图二，3

16

【出土地点】　陈阳川村

【尺　　寸】　直径6.8厘米

【形制描述】　素面铜环。正面略鼓。剖面扁
平状。

【发表出处】　［10］图二，3

17

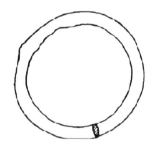

【出土地点】　陈阳川村M3：13

【尺　　寸】　直径6.3、环宽0.6、厚0.3厘米

【形制描述】　素面铜环。剖面扁平状。

【发表出处】　［15］图六，8

18

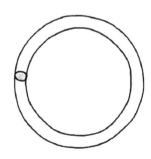

【出土地点】　王大户M2：12

【尺　　寸】　内径4.7、外径5.6厘米

【形制描述】　素面铜环。剖面扁圆形。

【发表出处】　［20］第66页

19

【出土地点】　王大户 M3 ∶ 9

【尺　　寸】　内径4.4、外径5.4厘米

【形制描述】　素面铜环。剖面扁圆形。

【发表出处】　［20］第83页

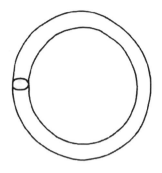

20

【出土地点】　彭阳米沟178

【尺　　寸】　内径2.5、外径4.7厘米

【形制描述】　素面铜环。剖面扁圆形。

【发表出处】　［20］第222页

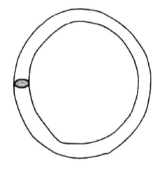

21

【出土地点】　杨郎乡马庄采 ∶ 13

【尺　　寸】　直径5.7厘米

【形制描述】　素面铜环。剖面扁圆形。

【发表出处】　［11］图一七，16

【备　　注】　原报告称"镯"。

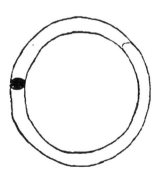

服饰品类

345

22

【出土地点】 杨郎乡马庄 I M7：42

【尺　　寸】 内径4.3、外径5.5、环宽0.6
　　　　　　厘米

【形制描述】 素面铜环。剖面扁圆形。

【发表出处】 ［11］图一七，18

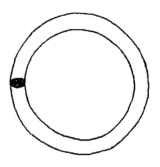

23

【出土地点】 王大户 M6：16

【尺　　寸】 内径2.8、外径3.3厘米

【形制描述】 素面铜环。带有凹槽。

【发表出处】 ［20］第203页

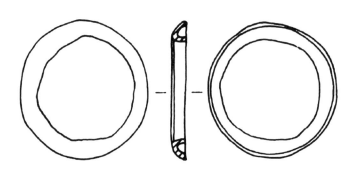

九、铃形饰

1

【出土地点】	于家庄 M12：42
【尺　　寸】	通高 3.4 厘米
【形制描述】	平口。圆管状甬，饰数道弦纹。铃身呈喇叭状，中部受压变形。
【发表出处】	［16］图一二，9

2

【出土地点】	杨郎乡马庄Ⅲ M1：42
【尺　　寸】	通高 2.6、口径 1.9 厘米
【形制描述】	平口。圆管状甬，有残缺。铃身呈喇叭状，长方形口。
【发表出处】	［11］图一七，10

3

【出土地点】	杨郎乡马庄Ⅱ M17：6
【尺　　寸】	通高 3.5、口径 1.5 厘米
【形制描述】	平口。圆管状甬，顶部有环钮。铃身呈喇叭状，椭圆形口。
【发表出处】	［11］图一七，11

4

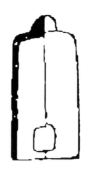

【出土地点】 杨郎乡马庄采：54

【尺　　寸】 通高2.9、口径1.4厘米

【形制描述】 平口。乳突状钮。铃身圆筒
状，有对穿孔。

【发表出处】 ［11］图一七，12

5

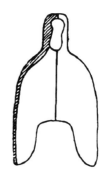

【出土地点】 中宁县倪丁村M1

【尺　　寸】 通高6.1、口径3.5厘米

【形制描述】 凹型口。有圆形钮。中间有不
规则孔。铃身呈喇叭状。

【发表出处】 ［4］图三，11

6

【出土地点】 于家庄M9：21

【尺　　寸】 通高3.5厘米

【形制描述】 凹型口。有圆形钮。中间有
孔。铃身呈喇叭状。

【发表出处】 ［16］图一二，10

宁夏东周北方青铜器

7

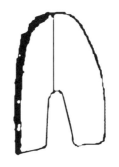

【出土地点】　杨郎乡马庄ⅢM2：11

【尺　　寸】　通高2.6、口径1.7厘米

【形制描述】　凹型口。盘形。铃身呈喇叭状。
　　　　　　　顶部穿孔。圆角长方形口。

【发表出处】　［11］图一七，9

8

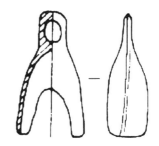

【出土地点】　中庄M1：22

【尺　　寸】　通高2.7厘米

【形制描述】　凹型口。顶部有环钮。铃身呈
　　　　　　　喇叭状。末端圆钝。圆角长方
　　　　　　　形口。两侧铸有棱线。

【发表出处】　［20］第442页

9

【出土地点】　于家庄SM3：9

【尺　　寸】　通高3.9、口铃1.5×0.7厘米

【形制描述】　凹型口。甬部饰网格纹。顶部
　　　　　　　有环钮。铃身呈喇叭状。末端
　　　　　　　圆钝。圆角长方形口。两侧铸
　　　　　　　有棱线。

【发表出处】　［16］图一二，11

10

【出土地点】 撒门村

【尺　　寸】 通高3.4厘米

【形制描述】 凹型口。圆管状甬。顶部有环
　　　　　　钮，饰数道弦纹。铃身呈喇叭
　　　　　　状，有纹饰。

【发表出处】 ［7］图八，2

【备　　注】 尺寸是根据器物图比例计算的。

11

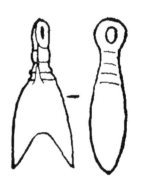

【出土地点】 于家庄M14：25

【尺　　寸】 通高3.6、口径1.4厘米

【形制描述】 凹型口。圆管状甬，饰数道弦
　　　　　　纹。顶部有环钮。铃身呈喇叭
　　　　　　状，末端呈尖状。

【发表出处】 ［16］图一二，14

12

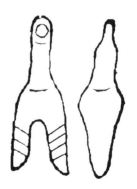

【出土地点】 于家庄M14：23

【尺　　寸】 通高3.7、口径1.3厘米

【形制描述】 凹型口。圆管状甬，顶部有环
　　　　　　钮。铃身呈喇叭状，末端呈尖
　　　　　　状，饰三道斜线刻划纹。

【发表出处】 ［16］图一二，15

13

【出土地点】 于家庄M14：24

【尺　　寸】 通高3.8厘米

【形制描述】 凹型口。圆管状甬。顶部有环
钮。饰数道弦纹。铃身呈喇叭
状。末端呈尖状。有乳钉纹。

【发表出处】 ［16］图一二，12

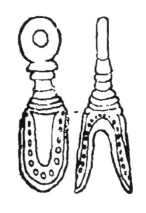

14

【出土地点】 河川乡上台村芦子沟嘴

【尺　　寸】 通高3.8厘米

【形制描述】 凹型口。圆管状甬。顶部有环
钮。饰数道弦纹。铃身呈喇叭
状。椭圆形口。

【发表出处】 ［7］图八，1

【备　　注】 尺寸是根据器物图比例计算的。

15

【出土地点】 陈阳川村

【尺　　寸】 通高3.6、口径1.8厘米

【形制描述】 凹型口。圆管状甬。顶部有环
钮。饰数道弦纹。铃身呈喇叭
状。椭圆形口。

【发表出处】 ［15］图六，7

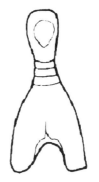

16

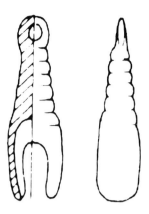

【出土地点】 中庄M1：26

【尺　　寸】 通高3.4厘米

【形制描述】 凹型口。圆管状甬。顶部有环
　　　　　　钮，饰数道弦纹。铃身呈喇叭
　　　　　　状。椭圆形口。

【发表出处】 ［20］第442页

十、圆牌和镜形饰

1

【出土地点】 中宁县倪丁村M2：24

【尺　　寸】 直径3.5厘米

【形制描述】 素面圆牌，背有一小钮。

【发表出处】 ［4］图三，13

【备　　注】 原报告记录称"铜镜"。

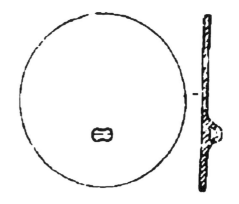

2

【出土地点】 中宁县倪丁村M2：14

【尺　　寸】 直径9.8、孔径1.2厘米

【形制描述】 有纹饰圆牌，内外饰两周三
　　　　　　 角纹。正面略鼓，中心有一
　　　　　　 小孔。

【发表出处】 ［4］图四，2

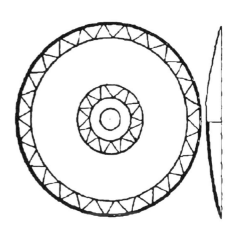

3

【出土地点】 中宁县倪丁村M2：9

【尺　　寸】 直径7.4厘米

【形制描述】 有纹饰圆牌，背面内区饰虎
纹，外区饰犀牛纹。

【发表出处】 ［4］图四，9

4

【出土地点】 撒门村

【尺　　寸】 直径5.4厘米

【形制描述】 圆形，正面较鼓，无孔无钮。

【发表出处】 ［7］图一一，4

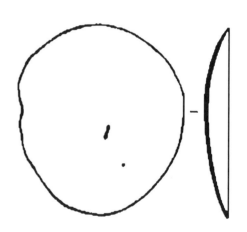

5

【出土地点】 官台村

【尺　　寸】 直径10.6、高2厘米

【形制描述】 有纹饰圆牌。正面正中有一凸
泡，边缘有一周方点纹。整
体扁平。内侧正中有一横贯
单钮。

【发表出处】 ［13］图一，1

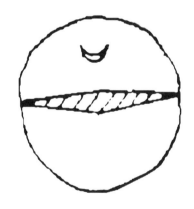

6

【出土地点】 中卫县狼窝子坑M1

【尺　　寸】 直径12.6厘米

【形制描述】 素面圆牌。正面略鼓。正中偏
上有一桥钮。

【发表出处】 ［5］图五，16

【备　　注】 原报告称"马饰具"。尺寸是
根据器物图比例计算。

7

【出土地点】　头营乡王家坪

【形制描述】　透雕圆牌，外有一周不规则
　　　　　　　孔，中心为一卷云纹孔。

【发表出处】　［3］图三，8

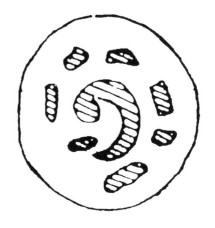

8

【出土地点】　头营乡王家坪

【形制描述】　透雕圆牌，外有一周不规则
　　　　　　　孔，中心为一卷云纹孔。

【发表出处】　［3］图三，9

9

【出土地点】　中卫县狼窝子坑M1：15

【尺　　寸】　直径11.5厘米

【形制描述】　透雕圆牌，饰镂空旋涡纹。

【发表出处】　［5］图五，17

10

【出土地点】　于家庄M15：14

【尺　　寸】　通长3.2厘米

【形制描述】　素面椭圆形饰，近方形钮，有
　　　　　　　一钮孔。

【发表出处】　［16］图一四，11

11

【出土地点】　于家庄M2：8

【尺　　寸】　通长3.7厘米

【形制描述】　素面镜形饰。不规则形钮，有
　　　　　　　一钮孔。

【发表出处】　［16］图一四，12

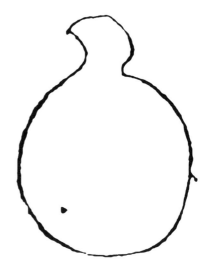

12

【出土地点】　于家庄M3：9

【尺　　寸】　长径4.7、短径4.2厘米、厚
　　　　　　　0.06厘米，重7.2克

【形制描述】　素面镜形饰。近方形钮，有三
　　　　　　　钮孔。

【发表出处】　［16］图一七，12

【备　　注】　金质。

13

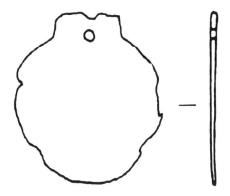

【出土地点】　王大户M6：42

【尺　　寸】　直径2.4厘米

【形制描述】　素面镜形饰。近方形钮，有一
　　　　　　钮孔。

【发表出处】　［20］第201页

下　编

器物研究

第一章

型式划分与分期演变

第一节　分期依据

北方文化青铜器的研究最早始于安特生。这种青铜器出土于鄂尔多斯地区，以动物为主要装饰题材的风格最早被安特生命名为"鄂尔多斯式风格"。此后，先后有江上波夫与水野清一的"绥远式"青铜器，乌恩先生的"中国北方青铜器"，田广金、郭素新两位先生的"鄂尔多斯式青铜器"[①]，以及林沄先生的"北方系青铜器"等定名[②]。随着考古发现的增多和认识的发展，对于北方文化青铜器的关注也在不断增多，其中涉及宁夏地区东周时期北方文化青铜器的代表性研究著作和论文包括：杜正胜先生的论文《欧亚草原动物纹饰与中国古代北方民族之考察》[③]，对商到西汉初的北方系青铜器按三个阶段和三大类别来探讨其艺术特色及文化内涵。王明珂先生的《鄂尔多斯及其邻近地区专化游牧业的起源》[④]，结合环境角度综合研究了北方地区农牧经济的演变因素。杨建华先生的《春秋战国时期中国北方文化带的形成》[⑤]（下文简称《形成》），在分期的过程中采用了contextual seriation的方法，根据器物组合中器物的有无划分时代，而非依靠传统类型学。这一方法不仅是分期方法的一种新尝试，同时也更符合北方青铜文化的特点。其中构建了北方文化带的时空框架，并对文化带的演变，区域间互动与交流以及文化性质的问题进行了深入探讨。这篇文章中所建立的时空框架也是本书青铜器研究的重要基础。这些研究均为关注整个北方文化带的综合性研究成果，其中涉及宁夏地区的北方青铜文化和青铜器，

[①] 田广金、郭素新：《北方考古论文集》，科学出版社，2004年。

[②] 林沄：《商文化青铜器与北方地区青铜器关系之再研究》，载苏秉琦主编：《考古学文化论集（一）》，文物出版社，1987年，第129—155页。

[③] 杜正胜：《欧亚草原动物纹饰与中国古代北方民族之考察》，《"中研院"历史语言研究所集刊》第六十四本，1993年，第231—408页。

[④] 王明珂：《鄂尔多斯及其邻近地区专化游牧业的起源》，《"中研院"历史语言研究所集刊》第六十五本，1994年，第375—434页。

[⑤] 杨建华：《春秋战国时期中国北方文化带的形成》，文物出版社，2004年。

但并未进行针对性研究。

专注于宁夏地区东周时期北方文化青铜器的研究，较早的有罗丰先生的《固原青铜文化初论》[①]，从墓葬分布、分期断代、文化特征、族属这四个方面作出了较为全面的研究。这为后来探索宁夏地区北方系青铜文化提供了重要启示。许成、李进增的《东周时期的戎狄青铜文化》[②]，将鄂尔多斯毛庆沟墓地和杨郎马庄墓地进行比较，指出这两种文化在葬式、殉牲、随葬品等多方面相似，但存在的差异表明属于不同的考古学文化。罗丰先生的《以陇山为中心甘宁地区春秋战国时期北方青铜文化的发现与研究》[③]对甘宁地区的青铜文化进行分期，并区分了墓葬形制和葬俗，指出甘宁地区春秋战国时期青铜文化在内涵上有很大的一致性，显示出同一种文化系统内部不同类型的区别。马建军先生的《宁夏境内"北方系青铜器"及其文化特征》[④]将宁夏境内北方系青铜器分为南、中两个区域，从墓葬、器物和外来文化因素等方面讨论，认为其是"西戎文化的一个支系，是一种地方类型"。马强的《宁夏出土北方系青铜器综合研究》[⑤]是一篇较为全面的综合性研究文章。文章对宁夏东周至汉代的北方系青铜器进行了类型学划分，总结了时代特点，结合经济形态探讨了其与周边文化的关系和族属等问题。曹阳的《中国北方甘宁地区东周时期车马器的研究》[⑥]对甘宁地区的车马器进行了系统的分型与分期，在此基础上对车马器的发展演变以及与周边地区的比较进行了较为详细的探讨。这篇文章也是本书车马器部分研究的一个参考。

资料方面，自1978年到2002年共发表了17篇考古报告和简报，其中涉及的最主要的资料有于家庄墓地、马庄墓地和固原周边的一批征集品。这批资料一直以来都是研究宁夏东周北方文化青铜器的主要资料。较新发表的资料有两部：2011年，固原博物馆出版了《固原文物精品图集》[⑦]，其中上册又收录了一批征集品；2016年，宁夏文物考古研究所和彭阳县文物管理所出版了《王大户与九龙山——北方青铜文

① 罗丰：《固原青铜文化初论》，《考古》1990年第8期。
② 许成、李进增：《东周时期的戎狄青铜文化》，《考古学报》1993年第1期。
③ 罗丰：《以陇山为中心甘宁地区春秋战国时期北方青铜文化的发现与研究》，《内蒙古文物考古》1993年第1、2期合刊。
④ 马建军：《宁夏境内"北方系青铜器"及其文化特征》，《宁夏社会科学》2006年第3期。
⑤ 马强：《宁夏出土北方系青铜器综合研究》，陕西师范大学，硕士学位论文，2009年。
⑥ 曹阳：《中国北方甘宁地区东周时期车马器的研究》，吉林大学，硕士学位论文，2012年。
⑦ 固原博物馆：《固原文物精品图集》，宁夏人民出版社，2011年。

化墓地》^①，这部报告中包括了王大户、中庄、九龙山三处墓地科学发掘的20座墓葬，同时还发表了彭阳县米沟村的一批征集品。其中以王大户墓地保存状况最好。这部最新发表的报告为我们更新该地区北方青铜器的资料，更全面深入地进行研究提供了非常好的条件。以上是本书研究中重要的墓葬资料。

综上所述我们可以看出，关于这一地区东周北方青铜器的系统性基础研究尚有欠缺，随着新资料的发表，更需要我们对整个宁夏地区的东周北方文化青铜器进行全面的科学整理和研究。通过杨建华先生的《形成》，我们对于宁夏东周时期北方青铜文化的墓葬分期已经有了相当的了解，但对于器物本身的时代变化规律还不是很明晰。北方文化的复杂属性使得人们很容易由青铜器联系到人种、族属等深层次的文化问题。但北方系青铜器征集品较多，墓葬发掘数量较少，青铜器种类繁杂零散等特点，使得系统科学地整理迄今为止已发表的北方文化青铜器资料显得很有必要。一套详细而全面的、涵盖每一种器物的北方文化青铜器的分期序列尚未建立。考虑到以上情况，这种具有实用性的基础研究也将是本书的研究重点，即在科学整理资料的基础上首先建立东周时期宁夏地区北方文化青铜器的完整分期，再着重进行基础性研究，结合新发表的资料，对器物的尺寸、出土位置等问题予以关注，探索青铜器的功能、使用方式等问题。这不仅可以在一定程度上完善和夯实该地区北方青铜器的研究体系，也能够为以后出土的，不论是科学发掘的还是零散征集的宁夏地区北方东周时期文化青铜器的基础研究提供科学指导建议，并有助于进一步的探索。

本书选取的资料均为经过科学发表的报告和简报，包括了发掘的墓地资料和科学征集、采集的资料。个别器物残损严重，未列入讨论对象。

本书对青铜器进行分期的依据有以下几点：首先是有明确出土单位，而且这些单位已经有明确分期结果的；其次是与这些分期明确的器物形态相似的器物；最后是与这些形态相似器物共存于一个墓葬中的其他器物。这三种分期方法的使用是以第一种为主，后两种的使用数量是逐渐递减的。器物的分期首先表现在同一器类中式的划分，其次还表现在型和器类的划分。不同型和不同器类之间虽然没有演变关系，但是它们出现和存在于不同阶段，所以也具有分期的意义。由于青铜器的延续

---

① 宁夏文物考古研究所、彭阳县文物管理所：《王大户与九龙山——北方青铜文化墓地》，文物出版社，2016年。

第一章 型式划分与分期演变

和保存时间要比陶器更加久远，所以其出现时间的断代意义要比使用时限更加有意义。为了让式别与分期的对应更加明了，每一种器类无论是否分了型或者亚型，只要发展演变规律一致，我们都统一分式。

本书对青铜器年代的确定以《形成》一书中对宁夏东周的北方墓葬的分期为基础（具体分期过程与考证详见该书），加上新发现的相关资料，可以得出以下年表。

表一　宁夏东周北方墓葬分期表

分期　遗址	固 原 地 区	银 南 地 区	年　代
早期	西吉县单北村槐湾、彭阳县孟塬村、撒门村 M2	倪丁村 M1、M2 狼窝子坑 M3、M2	春秋后期
中期早段	于家庄 A 组、固原石喇村、彭阳县苋麻村、撒门村 M3、88 撒门村 M1、九龙山 M3		春战之际
中期晚段	于家庄 B 组、撒门村 M1、彭阳县官台村、彭阳县米塬村、王大户 M1　马庄 I M11，王大户 M5、M6、M7	狼窝子坑 M5、M4	战国早中期
晚期早段	于家庄 C 组、吴沟、吕坪村、固原鸦儿沟、马庄 A 组、彭阳县芦子沟嘴、彭阳县张街村、98 彭阳县张街村、头营乡王家坪、陈阳川村 91M1、M3、王大户 M2、M3　马庄：III M6、I M2 I M6、I M7、I M14	狼窝子坑 M1	战国中晚期
晚期晚段	马庄 B 组、白杨林、蒋河、陈阳川采集、91 陈阳川 M2、王大户 M4、中庄 M1		战国晚期至秦

第二节　类型划分与分期图

一、兵器工具类

图1.1　短剑的型式与期段划分

Ⅰ式：1、2、9、20—23、25—28　Ⅱ式：3—8、12—13、15—19、24、29—31　Ⅲ式：10—11、14、32—37

DⅠ式：40　DⅡ式：41—42　DⅢ式：43—45；DⅣ式：46—48

1. 倪丁村M1　2. 于家庄收集　3. 撒门村M3　4. 彭堡撒门墓地　5. 苋麻村XM　6. 撒门村　7. 于家庄NM2

8. 于家庄NM2　9. 狼窝子坑村M5　10. 马庄ⅠM4　11. 彭阳县沟口乡　12. 王大户M2　13. 王大户M3　14. 王大户M5

15. 撒门村　16. 河川县阳洼村　17. 固原县　18. 杨郎乡马庄　19. 王大户M1　20. 倪丁村M2　21. 倪丁村M2

22. 倪丁村M2　23. 彭阳县刘塬村　24. 彭阳县沟口乡　25. 撒门村　26. 狼窝子坑村M5　27. 狼窝子坑M5　28. 米塬村

29. 米塬村　30. 彭阳县川口郑庄村　31. 马庄ⅡM18　32. 彭阳县川口郑庄村　33. 王大户M6　34. 杨郎乡马庄

35. 彭阳县川口郑庄村　36. 张街村M2　37. 杨郎乡马庄　38. 于家庄SM5　39. 苋麻村　40. 狼窝子坑M3

41. 固原县大湾绿塬村　42. 狼窝子坑M2　43. 官台村　44. 西吉县陈阳川村　45. 王大户M4　46. 于家庄

47. 马庄ⅠM12　48. 固原县石羊村　49. 头营乡张家崖村　50. 固原县河川乡

型式 / 期段	A 型 环首	B 型 不规则孔	C 型 无孔

图1.2　刀的型式与期段划分

Ⅰ式：1—8　Ⅱ式：9—16　Ⅲ式：22—41

1. 西吉县单北槐湾　2. 彭阳县古城乡　3. 彭阳县孟塬乡　4. 固原县　5. 隆德县神林乡　6—7. 倪丁村 M2

8. 固原县　9. 固原县西郊乡　10. 于家庄 SM3　11. 彭阳县米沟村　12. 于家庄 SM4　13. 杨郎乡大北山

14. 石喇村　15—16. 固原县　17. 中卫县狼窝子坑 M3　18. 中卫县狼窝子坑 M2　19. 中卫县狼窝子坑 M5

20. 中卫县狼窝子坑 M4　21. 彭阳村米沟　22. 王大户 M1　23. 彭阳县米塬村　24. 杨郎乡马庄 IM1

25. 撒门村　26. 固原县田洼村　27. 杨郎乡马庄 IM8　28. 于家庄　29. 彭阳县米沟村　30. 王大户 M7

31. 王大户 M2　32. 张街村　33. 撒门村　34. 91陈阳川村 M3　35. 杨郎乡大北山　36. 彭阳县米沟村

37. 张街村 M3　38. 张街村　39. 杨郎乡马庄 IM6　40. 杨郎乡马庄 IM12　41. 中庄 M1

42. 杨郎乡马庄 IM2　43. 于家庄 M7

图1.3 鹤嘴斧的型式与期段划分

A I 式：1—5 A II 式：6—18 B I 式：19—27 B II 式：28—33

1.中宁县倪丁村M1 2.中宁县倪丁村M2 3.中卫县狼窝子坑M2 4.中卫县狼窝子坑M3 5.杨郎乡马庄M5 6.杨郎乡马庄 I M14 7.彭阳县郑庄村
8.王大户 M6 9.彭阳县古城乡 10.杨郎乡马庄 II M18 11.固原县 12.固原县 13.彭阳米沟204 14.彭阳米沟205 15.彭阳米沟203 16.彭阳县米沟村
17.彭阳县米沟村 18.彭阳县古城乡 19.于家庄M19 20.彭阳县古城乡 21.固原县 22.中卫县狼窝子坑M5 23.彭阳县白草洼村 24.彭阳县古城乡 25.彭阳县古城乡
26.王大户M5 27.杨郎乡马庄 I M2 28.河川乡上台村芦子沟 29.鸦儿沟 30.张街村 31.彭阳县古城乡 32.撒门村 33.固原县西郊乡 34.苋麻村
35.于家庄SM5 36.彭阳县白草洼村 37.杨郎乡马庄 I M6

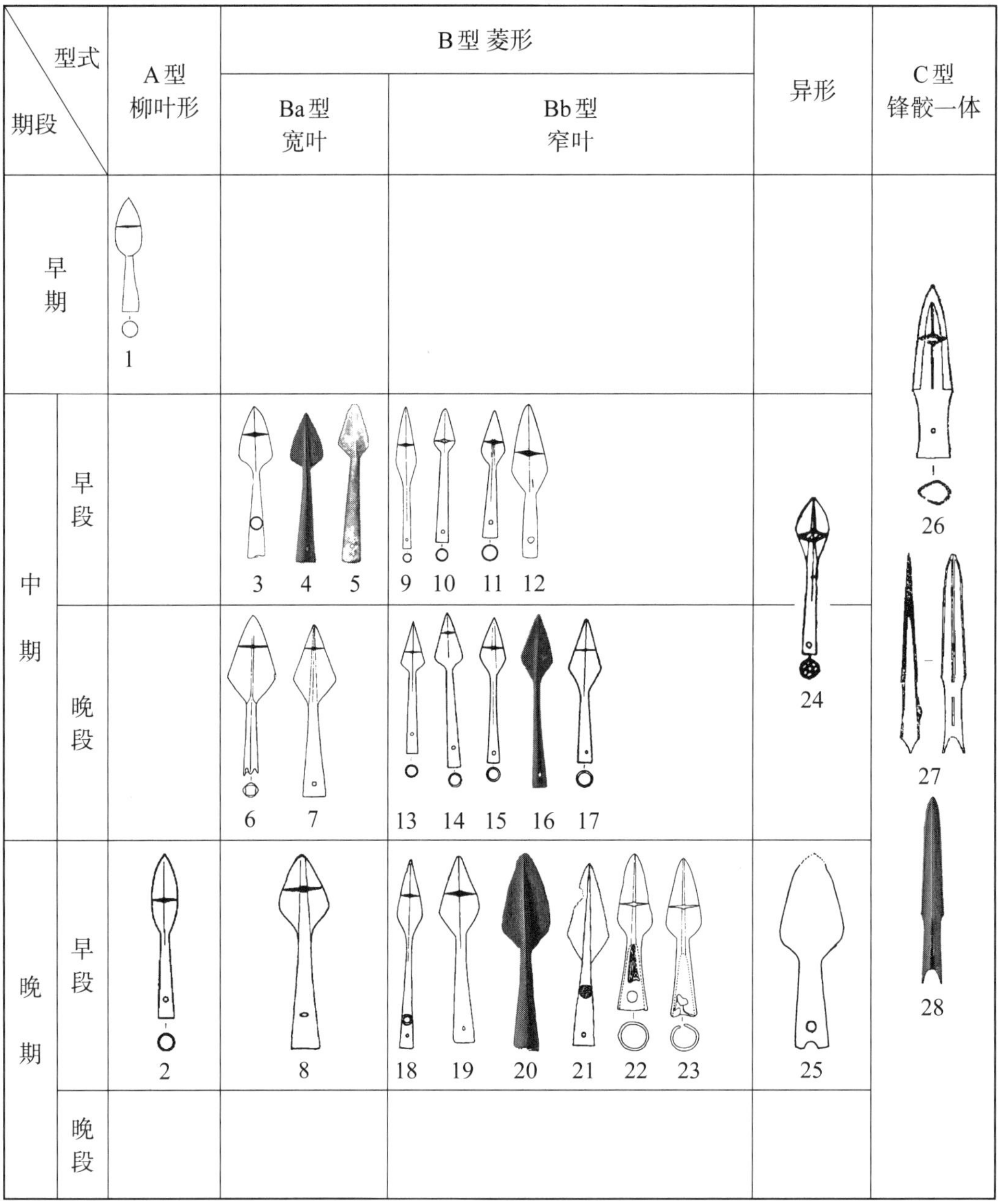

图1.4　矛的型与期段划分

1.单北村槐湾　2.彭阳县白杨林村　3.撒门村M3　4.河川县阳洼村　5.石喇村　6.石岔乡石岔村

7.杨郎乡马庄　8.杨郎乡马庄Ⅱ M18　9.苋麻村　10.于家庄SM5　11.彭阳县白草洼村　12.隆德沙塘机砖厂

13.米塬村　14.米塬村　15.官台村　16.彭阳县交岔乡　17.于家庄NM2　18.于家庄SM4

19.彭阳县川口乡郑庄村　20.杨郎乡马庄　21.杨郎乡大北山　22.王大户M2　23.王大户M3

24.中卫县狼窝子坑M5　25.头营乡王家坪　26.固原县　27.固原县　28.杨郎乡

期段 ＼ 型式	A型 圜形底	B型 尖圆形底	异型
早期			 16
中期 早段		 3	 17
中期 晚段	 1　2	 4　5　6　7　8　9	
晚期 早段		 10　11	 15
晚期 晚段		 12 13　14	

图 1.5　镦的型式与期段划分

B I 式：3—4　B II 式：5—8　B III 式：9—15

1. 官台村　2. 撒门村 M1　3. 撒门村 M3　4. 于家庄 SM4
5. 撒门村　6. 彭阳县白草洼村　7. 彭阳白岔村　8. 官台村　9. 王大户 M1　10. 陈阳川村 M1　11. 张街村
12. 马庄 I M7　13. 彭阳县古城乡　14. 马庄 III M4　15. 于家庄 M10　16. 倪丁村 M2　17. 撒门村

型式 期段		A型 有铤		B型 有銎	
		Aa型 三翼	Ab型 三棱	Ba型 三翼	Bb型 无翼
早期		1 2 3 4 5 6			
中期	早段	7 8			
	晚段		9 10	11 12 13 14　　15 16 17 18	23 24
晚期	早段			19 20 21　　　22	
	晚段				

图1.6　镞的型与期段划分

1. 中宁县倪丁村M2　2. 中宁县倪丁村M2　3. 撒门村　4. 撒门村　5. 固原县　6. 撒门村　7. 撒门村
8. 苋麻村　9. 固原县　10. 姚河村　11. 中卫县狼窝子坑M5　12. 中卫县狼窝子坑M5　13. 撒门村
14. 撒门村　15. 米塬村　16. 于家庄M17　17. 撒门村　18. 固原县NM2　19. 王大户M6
20. 王大户M6　21. 彭阳米沟196　22. 杨郎乡马庄　23. 于家庄M17　24. 于家庄

型式	A型 两侧刃外撇		B型 两侧刃平直或内收
期段	Aa型 銎端有箍	Ab型 銎端无箍	

图1.7 斧的型与期段划分

1. 杨郎乡马庄Ⅲ M4　2. 中宁县倪丁村M1　3. 中卫县狼窝子坑M5　4. 中卫县狼窝子坑M1　5. 于家庄SM4
6. 彭阳米沟185　7. 于家庄M19　8. 张街村M2　9. 张街村　10. 杨郎乡马庄Ⅱ M14

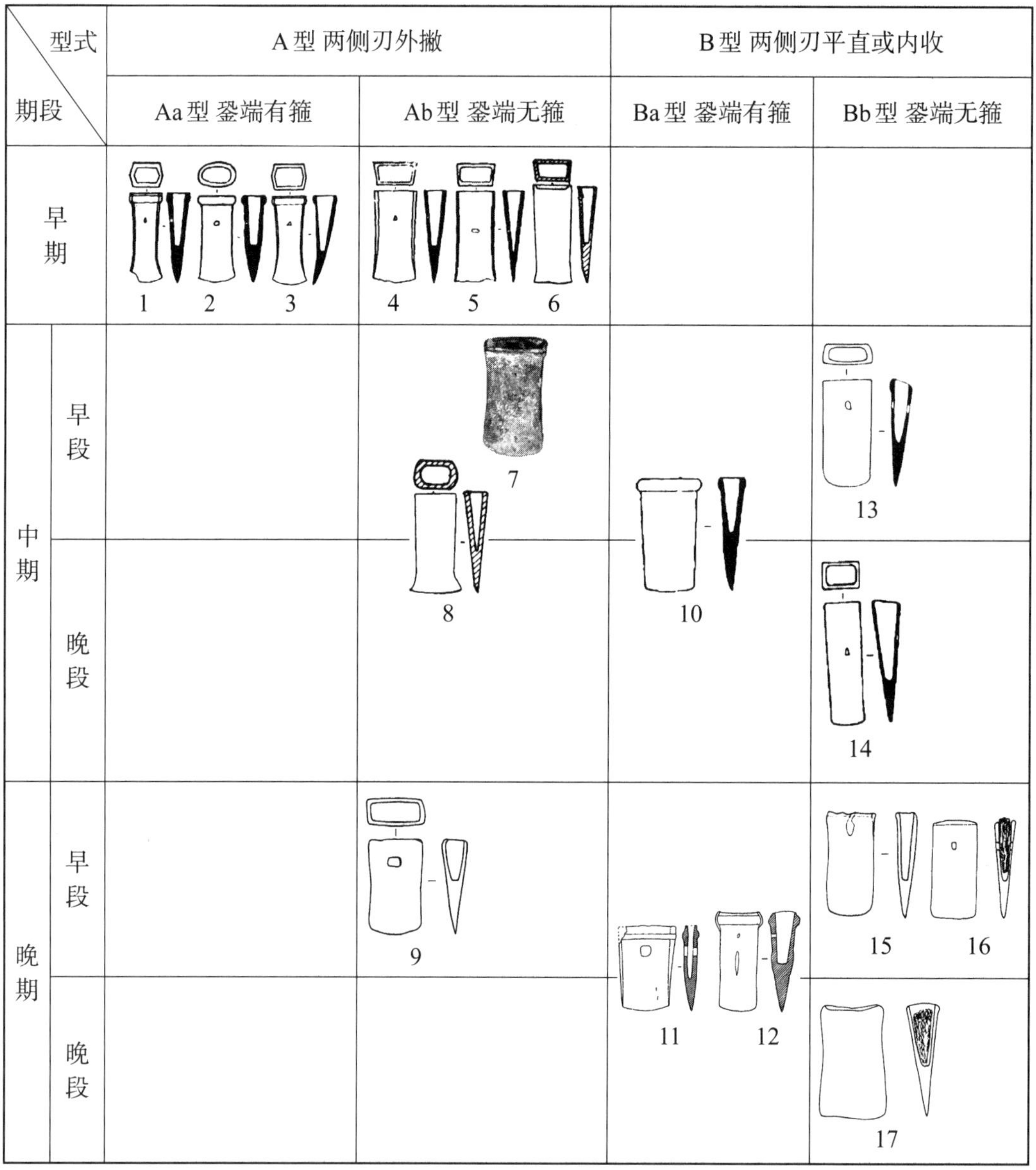

图1.8 锛的型与期段划分

1—5.孟塬乡　6.中卫县狼窝子坑 M2　7.石喇村　8.中卫县狼窝子坑 M4　9.王大户 M6
10.西吉县白崖半子沟村　11.田洼村　12.固原县　13.苋麻村　14.米塬村　15.王大户 M3
16.王大户 M5　17.王大户 M4

期段 \ 型式	A型 銎口有箍	B型 銎口无箍
早期		3
中期 早段		4　5　6
中期 晚段	1	
晚期 早段	2	7　8
晚期 晚段		9

图1.9　凿的型与期段划分

1. 杨郎乡马庄 I M4　2. 张街村　3. 中卫县狼窝子坑M3　4. 撒门村M3　5. 石喇村
6. 于家庄M4　7. 于家庄SM4　8. 张街村M2　9. 杨郎乡马庄 I M6

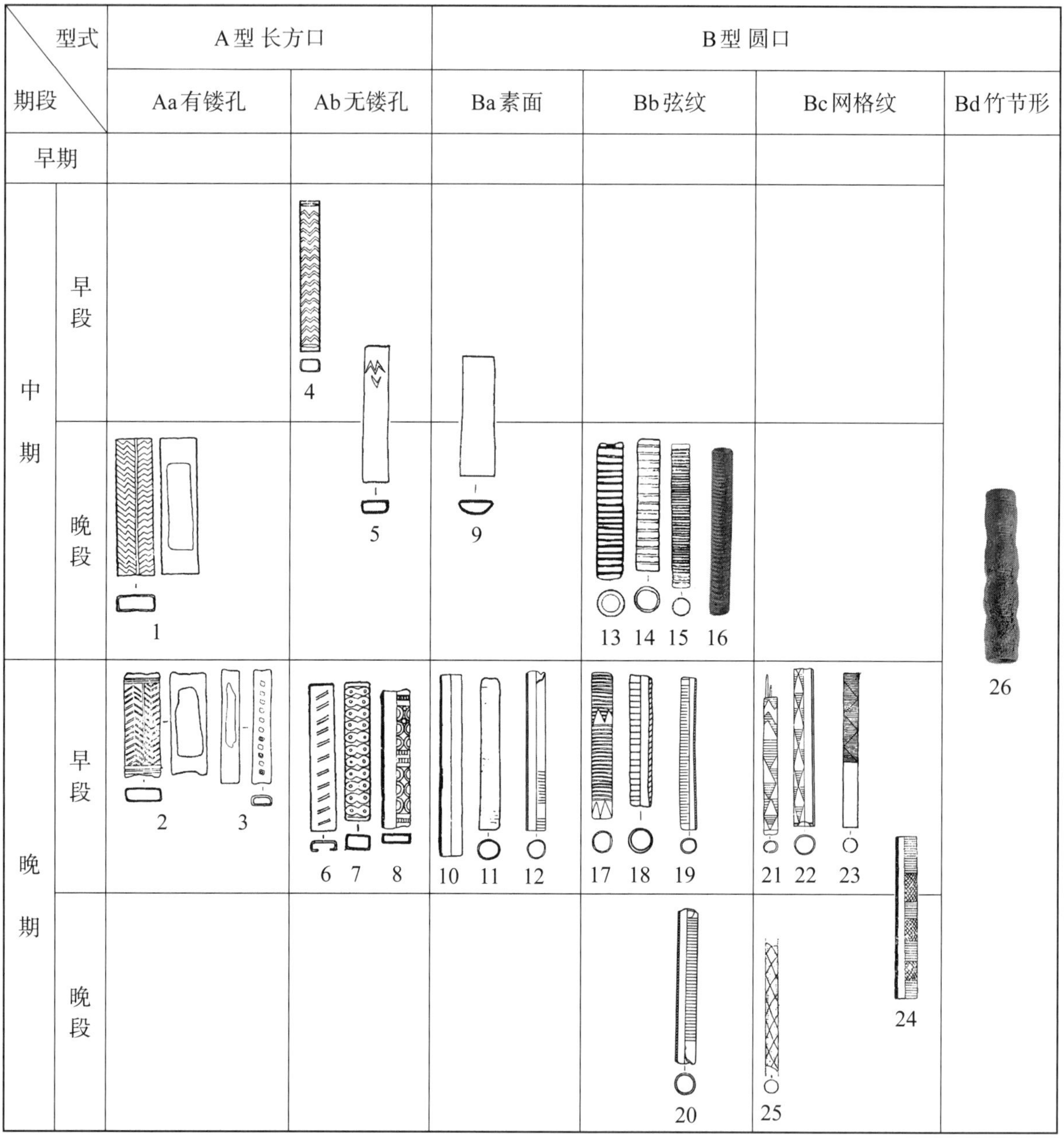

图1.10　针管的型与期段划分

1. 于家庄 M16　2. 杨郎乡马庄Ⅲ M1　3. 张街村 M3　4. 于家庄 SM3　5. 彭堡撒门村　6. 杨郎乡马庄Ⅱ M16
7. 于家庄 M15　8. 杨郎乡马庄Ⅱ M17　9. 彭堡撒门村　10. 91陈阳川 M3　11. 张街村 M3　12. 彭阳米沟166
13. 彭阳县官台村　14. 于家庄 M12　15. 米塬村　16. 于家庄　17. 张街村　18. 王大户 M6
19. 王大户 M7　20. 中庄 M1　21. 张街村 M3　22. 彭阳米沟167　23. 河川乡上台村芦沟子嘴
24. 杨郎乡马庄Ⅱ M16　25. 杨郎乡马庄Ⅰ M3　26. 固原县北十里三队

早期		
中期	早段	1
	晚段	2
晚期	早段	3　4　5　6　7　8
	晚段	

图 1.11　锥的型与期段划分

1. 于家庄 M4　2. 撒门村墓地　3. 杨郎乡马庄 Ⅰ M1
4. 杨郎乡马庄乡 Ⅰ M5　5. 杨郎乡马庄 Ⅱ M16　6. 王大户 M3
7. 王大户 M6　8. 王大户 M7

二、车马器类

期段 \ 型式	当卢		A型 外侧钮	
早期	1　2　3　4　5		6　7　8	9
中期 早段				10　11　12　13
中期 晚段				17
晚期 早段				18　19　20　21　22
晚期 晚段				30　31　32

图2.1　当卢与马面饰的型式与期段划分

Ⅰ式：9—16　Ⅱ式：17—20　Ⅲ式：21—27、29　Ⅳ式：28、30—32

1. 中宁县倪丁村M2　2. 中卫县狼窝子坑M3　3. 中宁县倪丁村M2　4. 中宁县倪丁村M2
5. 中卫县狼窝子坑M3　6. 陈阳川村　7. 陈阳川村　8. 陈阳川村　9. 孟塬村　10. 苋麻村　11. 陈阳川村
12. 陈阳川村　13. 彭阳米沟150　14. 三营村　15. 杨郎乡马庄Ⅲ M4　16. 彭阳米沟155　17. 米塬村
18. 彭阳米沟138　19. 张街村　20. 杨郎乡马庄　21. 吕坪村　22. 张街村　23. 彭阳米沟156　24. 张街村
25. 中卫县狼窝子坑M1　26. 张街村M2　27. 吕坪村　28. 河川乡上台村芦子沟嘴　29. 杨郎乡马庄Ⅰ M14
30. 杨郎乡马庄Ⅲ M4　31. 杨郎乡马庄Ⅲ M5　32. 杨郎乡马庄Ⅲ M5　33. 鸦儿沟　34. 鸦儿沟　35. 固原县
36. 鸦儿沟　37. 鸦儿沟

马面饰		
B型 内侧钮		
		异形
14　　15　　16		
23　24　25　26　27　28 29		33　34　35　36　37

图2.2 铃的型与期段划分

1. 撒门村M2　2. 撒门村M2　3. 孟塬乡　4. 官台村　5. 彭阳米沟160　6. 白岔村　7. 王大户M2　8. 王大户M3　9. 彭阳米沟161　10. 杨郎乡马庄Ⅰ M14　11. 固原县　12. 撒门村M2　13. 杨郎乡马庄Ⅲ M4　14. 于家庄M11　15—18. 杨郎乡马庄Ⅰ M18　19. 固原县　20. 杨郎乡马庄　21. 固原县　22. 撒门村M1　23. 张街村M2　24. 杨郎乡马庄Ⅰ M18　25—27. 杨郎乡马庄　28. 撒门村M2　29. 白岔村　30. 撒门村M1　31. 撒门村M1　32. 撒门村M2　33. 撒门村M1　34. 河川乡上台村芦子沟嘴　35. 固原县　36. 米塬村

宁夏东周北方青铜器

382

型式 期段		马衔			马镳
	A型 直柄形	B型 连环形			S形
		Ba型 双环首	Bb型 单环首		
早期		5　6　7　8			
中期 — 早段	1	9			
中期 — 晚段	2	10	14　15　16		
晚期 — 早段	3　4	11　12　13			24　25
晚期 — 晚段			17　18　19　20　21		22　23

图2.3　马衔与马镳的型与期段划分

马衔：

1. 于家庄SM5　2. 于家庄NM2　3. 杨郎乡马庄ⅠM7　4. 隆德县　5. 中卫县狼窝子坑M3
6. 中卫县狼窝子坑M2　7. 中宁县倪丁村M2　8. 中宁县倪丁村M2　9. 狼窝子坑M5　10. 米塬村
11. 杨郎乡马庄ⅠM11　12—13. 杨郎乡马庄　14. 于家庄SM2　15. 王大户M1　16. 王大户M1
17. 店洼村　18. 杨郎乡马庄ⅠM18　19. 固原县　20—21. 杨郎乡马庄

马镳：

22—23. 苋麻村　24—25. 陈阳川村

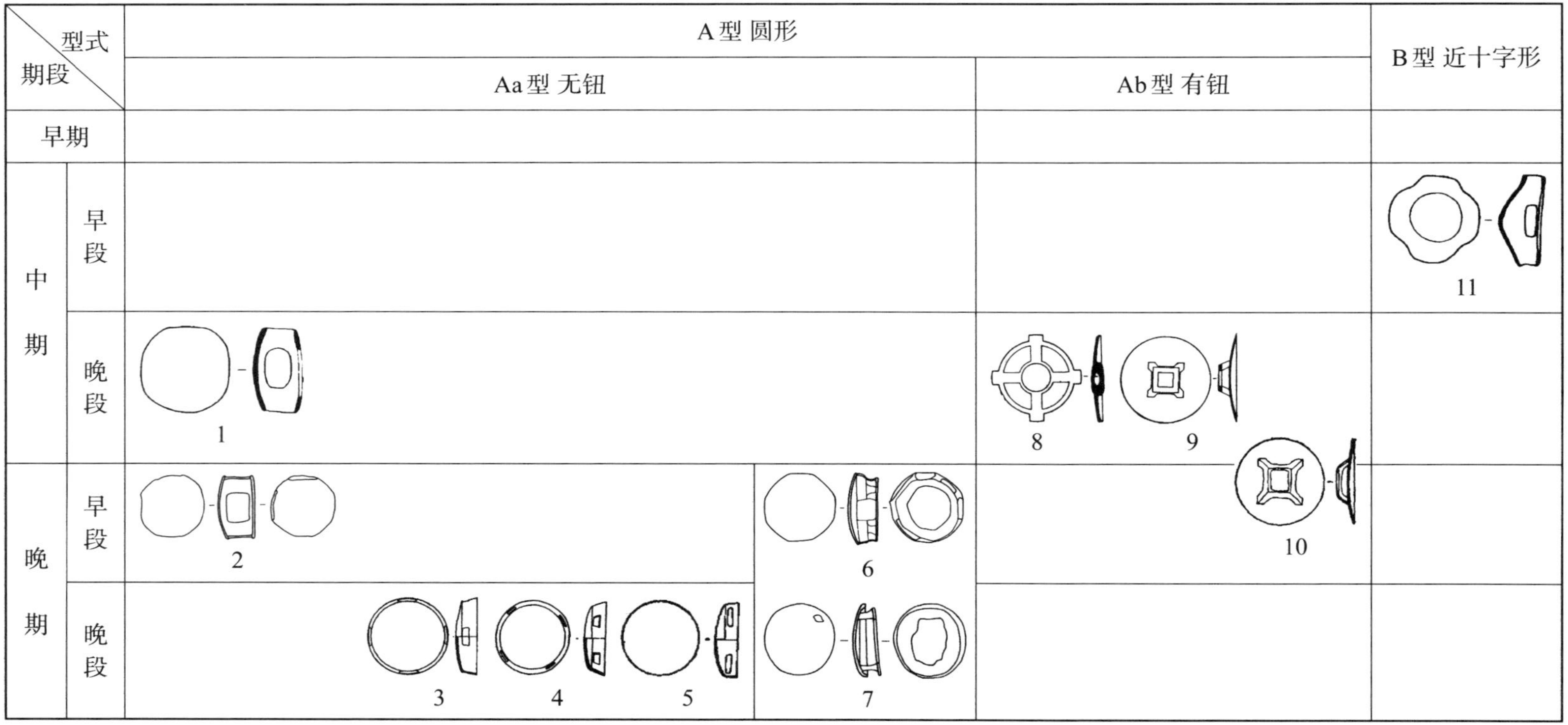

图2.4 节约的型与期段划分

1. 米塬村　2. 彭阳米沟55　3. 陈阳川村　4. 陈阳川村　5. 杨郎乡马庄Ⅲ M5　6. 彭阳米沟60　7. 彭阳米沟51　8. 撒门村 M1　9. 西吉县白崖半子沟村
10. 杨郎乡马庄 I M11　11. 宽麻村

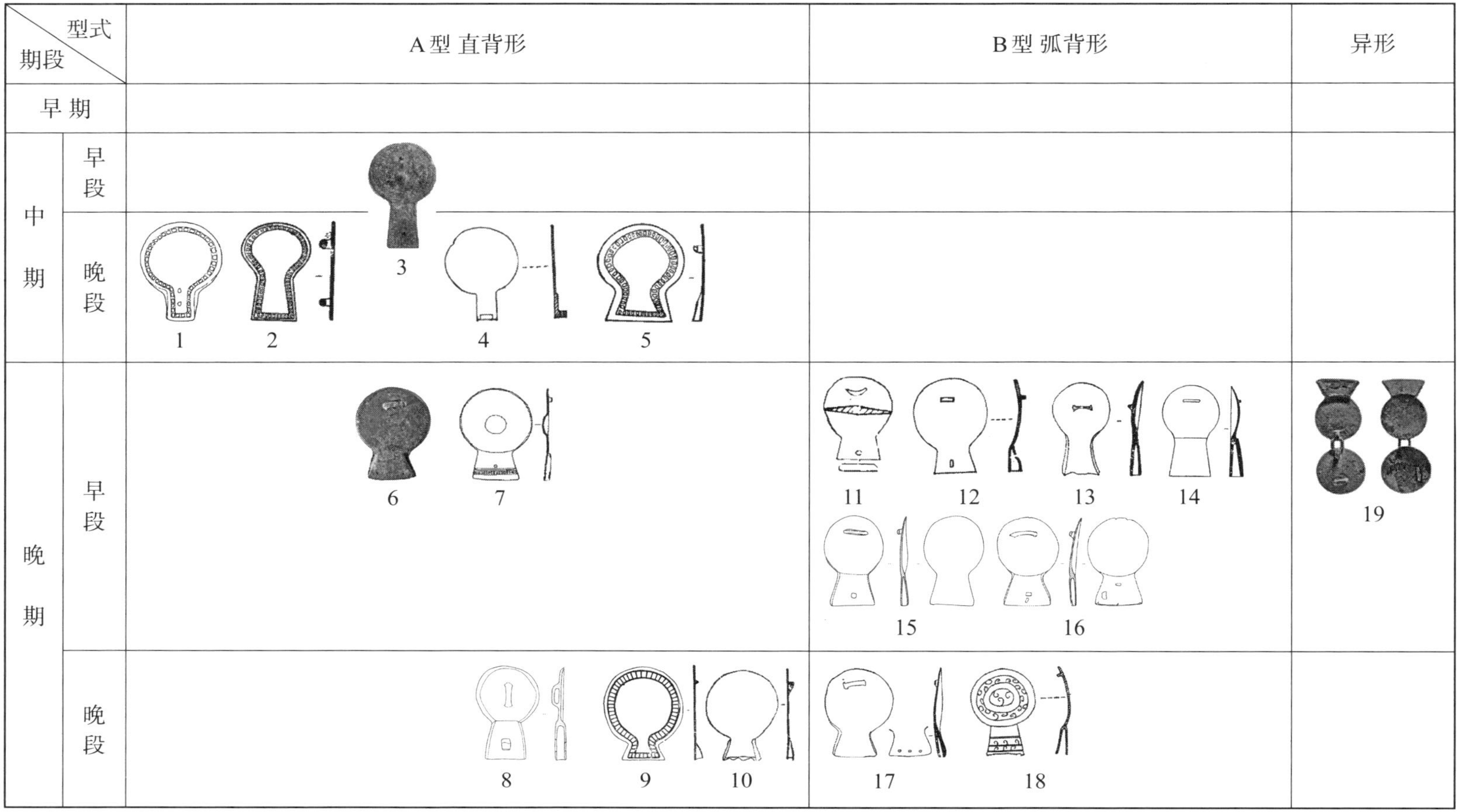

図2.5 単柄圆牌飾的型式与期段划分

Ⅰ式：1—4 Ⅱ式：5—10 Ⅲ式：11—18

1. 米塬村 2. 撒门村 M1 3. 于家庄 4. 宁夏南部采集 5. 撒门村采集 6. 吕坪村 7. 张街村 8. 中庄 M1：50 9. 杨郎乡马庄 M4
10. 杨郎乡马庄 I M12 11. 中卫县狼窝子坑 M1 12. 杨郎乡南部采集 13. 杨郎乡马庄采集 14. 西吉县白崖乡半子沟村 15. 彭阳米沟9
16. 彭阳米沟10 17. 杨郎乡马庄 I M18 18. 宁夏南部采集 19. 彭阳县古城乡

第一章　型式划分与分期演变

385

图2.6 车辕饰的型与期段划分

型式	A型 素面		B型 有纹饰		未分期
期段	Aa型 圆形剖面	Ab型 近梯形剖面	Ba型 勾雷纹	Bb型 兽首	
早期					
中期 早段	1	5、6			
中期 晚段		7、8			
晚期 早段	2、3、4	9、10			
晚期 晚段		11、12	13、14	15	16、17

1.官台村 2.张街村 3—4.固原县 5.白草洼村 6.白岔村 7.撒门村 8.撒门村M1 9.彭阳米沟175 10.杨郎乡马庄Ⅱ M14 11.杨郎乡马庄Ⅲ M3 12.彭阳县店洼村 13—14.陈阳川村 15.杨郎乡马庄Ⅲ M4 16.于家庄 17.杨郎乡马庄采集

宁夏东周北方青铜器

386

图2.7 竿头饰的型式与期段划分

型式 \ 期段	A型 泡状			B型 兽首		
	Aa型 矩形銎	Ab型 圆銎	未分期	Ba型 羊首	Bb型 鹿首	Bc型 鹰首
早期						
中期 早段	1、2	10、11	16			26、27、28
中期 晚段	3	12、13	17		24	29、30、31、32、33
晚期 早段	4、5、6、7		18、19	21		36、37
晚期 晚段	8、9	14、15	20	22、23	25	34、35、38

1.撒门村 2.撒门村M3 3.撒门村 4.彭阳县官台村 5.于家庄M1 6.张街村 7.陈阳川村 8.杨郎乡马庄Ⅰ M14 9.杨郎乡马庄Ⅰ M7 10.撒门村
11.于家庄SM5 12.撒门村 13.张街村 14.店洼村 15.张街村 16.杨郎乡马庄Ⅰ M18 17.杨郎乡马庄Ⅱ M14 18.宁夏南部 19.于家庄
20.白草洼村 21.中卫县狼窝子坑M1 22.杨郎乡马庄Ⅲ M4 23.店洼村 24.吕坪村 25.杨郎乡马庄Ⅲ M4 26.中卫县狼窝子坑M5 27.王大户M1
28.王大户M1 29.头营乡王家坪 30.杨郎乡马庄 31.于家庄SM4 32.宁夏南部 33.宁夏南部 34.杨郎乡马庄 35.杨郎乡马庄 36.杨郎乡马庄Ⅱ M17
37.张街村M3 38.杨郎乡马庄Ⅲ M1

第一章 型式划分与分期演变

387

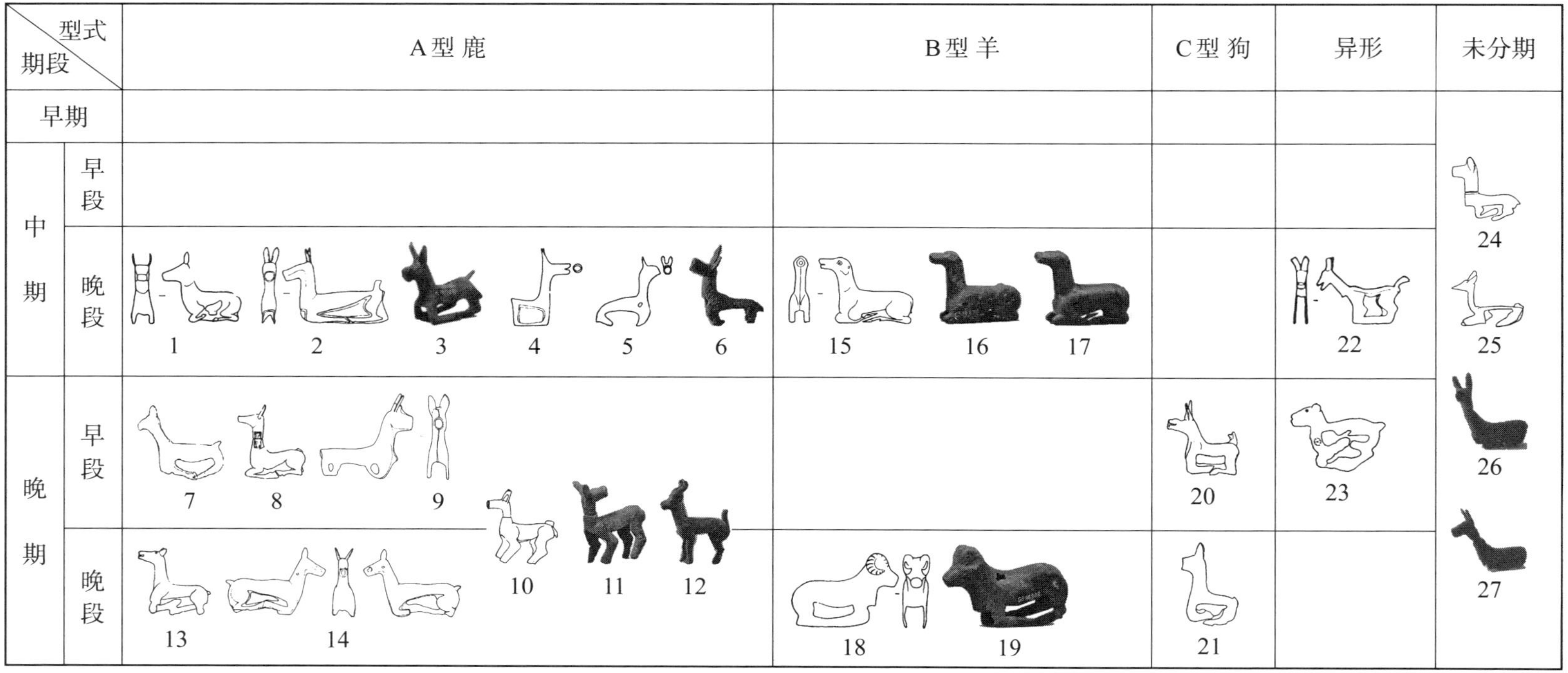

图2.8 立体动物形饰的型与期段划分

1. 撒门村M1 2. 米塬村 3. 杨郎乡马庄 4. 于家庄M16 5. 于家庄M5 6. 于家庄 7. 陈阳川村M3 8. 杨郎乡马庄 9. 王大户M7
10. 杨郎乡马庄Ⅰ M7 11. 杨郎乡马庄 12. 头营乡杨河村 13. 杨郎乡马庄Ⅰ M12 14. 中庄M1 15. 撒门村M1 16—17. 杨郎乡马庄
18. 杨郎乡马庄Ⅲ M4 19. 杨郎乡马庄Ⅲ M1 20. 杨郎乡马庄Ⅲ M1 21. 杨郎乡马庄 22. 撒门村 23. 杨郎乡马庄Ⅱ M17 24—25. 杨郎乡马庄
26—27. 于家庄

型式 期段		A型 羊		B型 立耳兽类
早期				
中期	早段			
	晚段			
晚期	早段			
	晚段	1	2	3

图2.9 动物形饰的型与期段划分
1—2.杨郎乡马庄Ⅲ M4 3.杨郎乡马庄Ⅲ M5

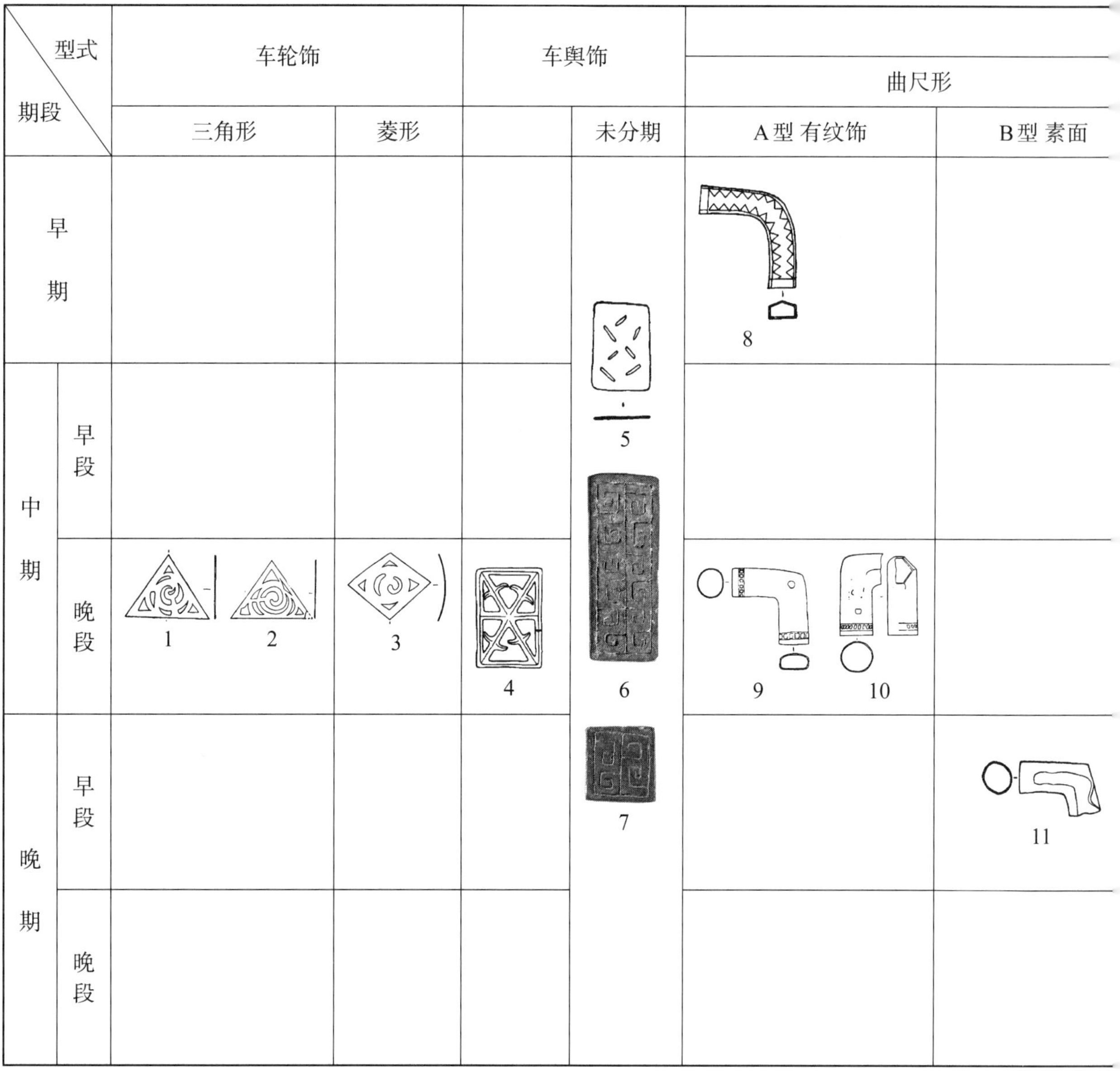

图2.10　车器的型与期段划分

1. 撒门村 M1　2. 撒门村 M1　3. 撒门村 M1　4. 彭阳白岔　5. 杨郎乡马庄　6—7. 固原县南郊乡　8. 撒门村 M2
9. 米塬村　10. 撒门村　11. 于家庄 M1　12. 吕坪村　13. 于家庄 M3　14. 于家庄 M1　15. 撒门村 M2　16. 固原县
17. 马庄 Ⅰ M11　18. 马庄 Ⅲ M4　19. 苋麻村　20. 张街村 M2　21. 撒门村 M1　22. 陈阳川 M1　23. 马庄 Ⅲ M3
24. 马庄 Ⅲ M4

其他类					
长条形		车軎	轭箍	軏饰	不知名器
A型 直板形	B型 亚腰形				
12	15				
13　14	16		19		
				21	
		17	20		22
		18			23　24

三、服饰品类

期段	型式	簪子	耳环		
			A型 圆环式		B型
早期					
中期	早段	1	5		
	晚段	2 3 4	6 7 8		
晚期	早段		9 10		
	晚段	11	12 13 14 15		16 17 18

图3.1 身体配饰的型与期段划分

1. 苋麻村　2—4. 中卫县狼窝子坑M5　5. 九龙山M10　6—8. 九龙山M4　9. 杨郎乡马庄Ⅰ M1
10. 王大户M5　11. 杨郎乡马庄Ⅲ M2　12. 王大户M4　13. 王大户M4　14. 杨郎乡马庄Ⅲ M4
15. 杨郎乡马庄Ⅰ M15　16. 杨郎乡马庄Ⅲ M5　17. 杨郎乡马庄Ⅰ M18　18. 杨郎乡马庄Ⅲ M3
19—20. 杨郎乡侯磨村　21—22. 杨郎乡马庄　23—24. 陈阳川村　25—26. 杨郎乡马庄采集　27. 于家庄SM4

复合式	项饰	匙形饰	臂钏
		25	27
	23　　24		
19　20　21　22		26	

型式 / 期段	A型 圆型				
	Aa型 内侧钮				Ab型
	Aa1型 横贯单钮	Aa2型 横贯十字钮	Aa3型 桥形单钮	Aa4型 桥形多钮	Ab1型 单钮
早期	1　2　3		19　20　21　22		
中期 早段	4　5				35
中期 晚段	6　4-2　5-2　7		23　24　25　26　27　28　29　30　31	34	36　37　38　39　40
晚期 早段	7-2　8　9　10　11　12　13		23-2　30-2　31-2　31-3　32		36-2　38-2　41　42
晚期 晚段	14　15　16	17　18	33		38-3　43　44

图3.2　泡饰的型与期段划分

1—2. 中宁县倪丁村　3. 孟塬乡　4. 九龙山 M3　5. 九龙山 M10　4—2. 杨郎乡马庄 IM4

5—2. 于家庄 M12　6. 撒门村　7. 九龙山 M9：1　7—2. 张街村　8. 张街村　9. 陈阳川村 M2

10. 王大户 M6　11. 王大户 M2　12. 王大户 M1　13. 王大户 M3　14. 中庄 M1

15. 王大户 M4　16. 陈阳川村　17. 王大户 M4　18. 王大户 M4　19. 彭阳县孟塬乡

20. 撒门村 M2　21. 宁夏南部　22. 中宁县倪丁村　23. 彭阳县白草洼村　24. 官台村　25. 于家庄 M17

26. 于家庄 SM4　27. 于家庄 SM4　28. 撒门村 M1　29. 米塬村　30. 店洼村　31. 于家庄 M14

23—2. 张街村 M2　30—2. 王大户 M3　31—2. 张街村 M3　31—3. 杨郎乡马庄 IM6　32. 王大户 M6

33. 中庄 M1　34. 于家庄 M10　35. 撒门村 M1　36. 于家庄 SM4　37. 杨郎乡马庄 IM8

38. 王大户 M1　39. 宁夏南部　40. 彭阳县白草洼村　36—2. 王大户 M6　38—2. 王大户 M2

外侧钮 Ab2型 双钮	Ac无钮圆孔	B型 花瓣形		C型 兽首形	
		Ba 单体	Bb 多联珠	Ca 兽首	Cb 组合型
				64 65	66 67
45 45-2 46 47	48 49 50	54	61 62 63		68 69
	50-2 51 52 52-2 53	55 56 57 58 59			70 71
		60			72 73

41. 陈阳川村 M3　　42. 张街村　　38-3. 中庄 M1　　43. 杨郎乡马庄 IM18　　44. 中庄 M1

45. 撒门村 M2　　45-2. 杨郎乡马庄 IIM14　　46. 撒门村 M1　　47. 杨郎乡马庄 IM8　　48. 于家庄 M17

49. 杨郎乡马庄 IM4　　50. 彭阳米沟 11　　50-2. 陈阳川村 M3　　51. 河川乡上台村芦沟子嘴　　81. 张街村 M2

52. 彭阳米沟 22　　52-2. 陈阳川村　　53. 陈阳川村　　54. 于家庄 M14　　55. 芦沟子嘴　　56. 王大户 M6

57. 王大户 M6　　58. 王大户 M3　　59. 王大户 M7　　60. 陈阳川村　　61. 于家庄 M15　　62. 米塬村

63. 于家庄 M12　　64. 于家庄 M7　　65. 于家庄 SM5　　66. 撒门村 M3　　67. 河川县阳洼村　　68. 于家庄 M12

69. 于家庄 M12　　70. 杨郎乡马庄 IIIM1　　71—72. 杨郎乡马庄采集　　73. 中庄 M1

型式 / 期段		Aa1型 素面	Aa2型 旋涡纹及环纹	Aa3型 粟点纹
				A型 8字形
				Aa 无背钮
早期		1		8
中期	早段	1—2		
	晚段		5　5—2　6	9　10　11　12
晚期	早段	2　3	7	13
	晚段	4　2—2		

图3.3　带扣的型式与期段划分

I式：1、1—2、4、8、14、29

II式：2、3、2-2、5、5—2、6、7、9、10、11、12、13.16、19、20、21、22、24、25、26、27、28

1. 中宁县倪丁村M1　1—2.九龙山M3　2.张街村　3.王大户M6　4.杨郎乡马庄 I M3

2—2.陈阳川村M3　5.中卫县狼窝子坑M5　5—2.米塬村　6.于家庄M15　7.杨郎乡马庄

8.中宁县倪丁村M2　9.米塬村　10.于家庄NM2　11.杨郎乡马庄　12.杨郎乡马庄 I M8

13.王大户M7　14.九龙山M10　15.中卫县狼窝子坑M5　16.彭阳米沟112

17.杨郎乡马庄 I M14　18.固原县河川乡　19.于家庄SM5　20.撒门村M3　21.杨郎乡马庄采集

22.杨郎乡马庄 II M14　23.于家庄M11　24.杨郎乡马庄 I M1　25.杨郎乡马庄 II M17

26.杨郎乡马庄 I M7　27.杨郎乡马庄 II M17　28.杨郎乡马庄 III M1　29.彭阳县白林村　30.固原县征集

异形	Ab 有背钮	B型 长方牌形	
		Ba 无背钮	Bb 有背钮
14	19 20		
15 16	21 22		
	23 24 25	27 28	29 30
17	26		
18			

型式 期段	A型 素面圆泡		B型 螺旋纹泡	
早期				
中期	早段			
	晚段	1	2 3 4	
晚期	早段	1-2	5 6	
	晚段		7	

图3.4 联珠泡饰的型与期段划分

1. 于家庄M5   1-2. 杨郎乡马庄Ⅰ M7   2. 于家庄M17   3. 于家庄M14   4. 撒门村   5. 王大户M3

6. 彭阳米沟86   7. 杨郎乡马庄Ⅰ M3   8. 九龙山M3   9. 九龙山M8   10. 九龙山M10

11. 固原县北十里三队   12. 于家庄M9

C型 之字纹圆泡			异形
Ca型 单排	Cb型 双排		
 8	 10	 11	
 9			 12

型式 期段		A 型 云纹			B 型 动物纹
		Aa 型 中心圆泡		Ab 型 束腰形	
早期					
中期	早段	1　　2			
	晚段	3　　4　　5			24　25　26
晚期	早段	6　7　8　9　10		18　19　20 21　22	28　29　30
		16　17	15	23	
	晚段				

图3.5　S形牌饰的型与期段划分

1—2. 撒门村　3. 于家庄　4. 王大户 M1　5. 官台村　6—7. 河川乡上台村芦子沟嘴　8—9. 张街村
10. 彭阳米沟111　11—12. 张街村 M3　13. 张街村 M2　14. 杨郎乡马庄 II M17　15. 杨郎乡马庄 I M2
16—17. 杨郎乡马庄 I M3　18. 固原县　19. 于家庄 M11　20. 陈阳川村 M3　21. 杨郎乡马庄 III M1
22. 王大户 M3　23. 杨郎乡马庄 I M18　24. 于家庄 M11　25—26. 撒门村 M1　27. 彭阳米沟98
28—29. 张街村　30. 陈阳川村 M3　31. 张街村 M2　32. 彭阳米沟110　33. 陈阳川村　34. 于家庄 M14
35. 于家庄 M17　36. 于家庄 M16　37—39. 张街村 M2　40. 张街村 M3　41. 河川乡上台村芦子沟嘴
42. 彭阳米沟113　43. 王大户 M7　44. 杨郎乡马庄 III M4　45. 杨郎乡马庄　46. 于家庄
47. 杨郎乡马庄

	C型 S纹		D型 素面
	Ca型 S纹	Cb型 变体S纹	
27	34　35　36		
31　　32		37　　38　　39 40　　41	42　　43
33			44　45　46　47

型式 期段		A型 单体食肉动物	B型 食肉动物捕食	
			Ba型 素面	Bb型 有纹饰
早期				
中期	早段			
	晚段			
晚期	早段			
	晚段			

图3.6 动物牌饰的型式与期段划分

I式：1、2、3、6、7、8、9、10、11、12、13、14、15、16

II式：4、5、17

1.张街村M2　2.彭阳县姚河村　3.杨郎乡马庄 I M12　4.固原县中河乡　5.固原县潘家庄农场

6.彭杨县白杨林村　7.杨郎乡马庄 I M12　8.杨郎乡马庄　9.杨郎乡马庄 III M4　10.杨郎乡马庄 III M3

11.彭阳县古城乡　12.张街村M2　13—14.陈阳川村采集　15.杨郎乡　16.西吉县陈阳川村　17.三营乡

18.王大户M1　19.彭阳米沟198　20.彭阳米沟199　21.彭阳米沟209　22.河川乡上台村

23.头营乡双台村　24.王大户M2　25—26.固原县河川乡　27.于家庄M12　28.于家庄NM3

29.吕坪村　30.王大户M7　31.杨郎乡大北山　32.中卫县狼窝子坑M1　33—34.陈阳川村

35.杨郎乡马庄 III M6　36.彭阳县沟口乡

C 型 单体食草动物	D 型 S 型	异型
18	22	27　 28
19　 20　 21	23　 24	29　 30　 31　 32　 33　 34　 35
	25　 26	36

型式\期段	A型 鼓腹状		B型 直筒状	异形
早期	1	8　9	14	
中期 早段	2　3　4	10　11　12　13	15	23
中期 晚段	5		16　17　18　19　20　21	
晚期 早段	6		22	
晚期 晚段	7			24　25

图3.7　管状饰的型与期段划分

1.中宁县倪丁村　2.苋麻村　3.彭阳米沟171　4.撒门村M3　5.于家庄M16　6.杨郎马庄ⅠM5
7.中庄M1　8—9.中宁县倪丁村　10.九龙山M5　11.九龙山M5　12.九龙山M10
13.九龙山M10　14.于家庄SM5　15.于家庄NM3　16—18.陈阳川村M3　19.陈阳川村　20.陈阳川村M3
21.杨郎乡马庄ⅠM8　22.杨郎乡马庄ⅠM12　23.苋麻村　24.陈阳川村　25.陈阳川村

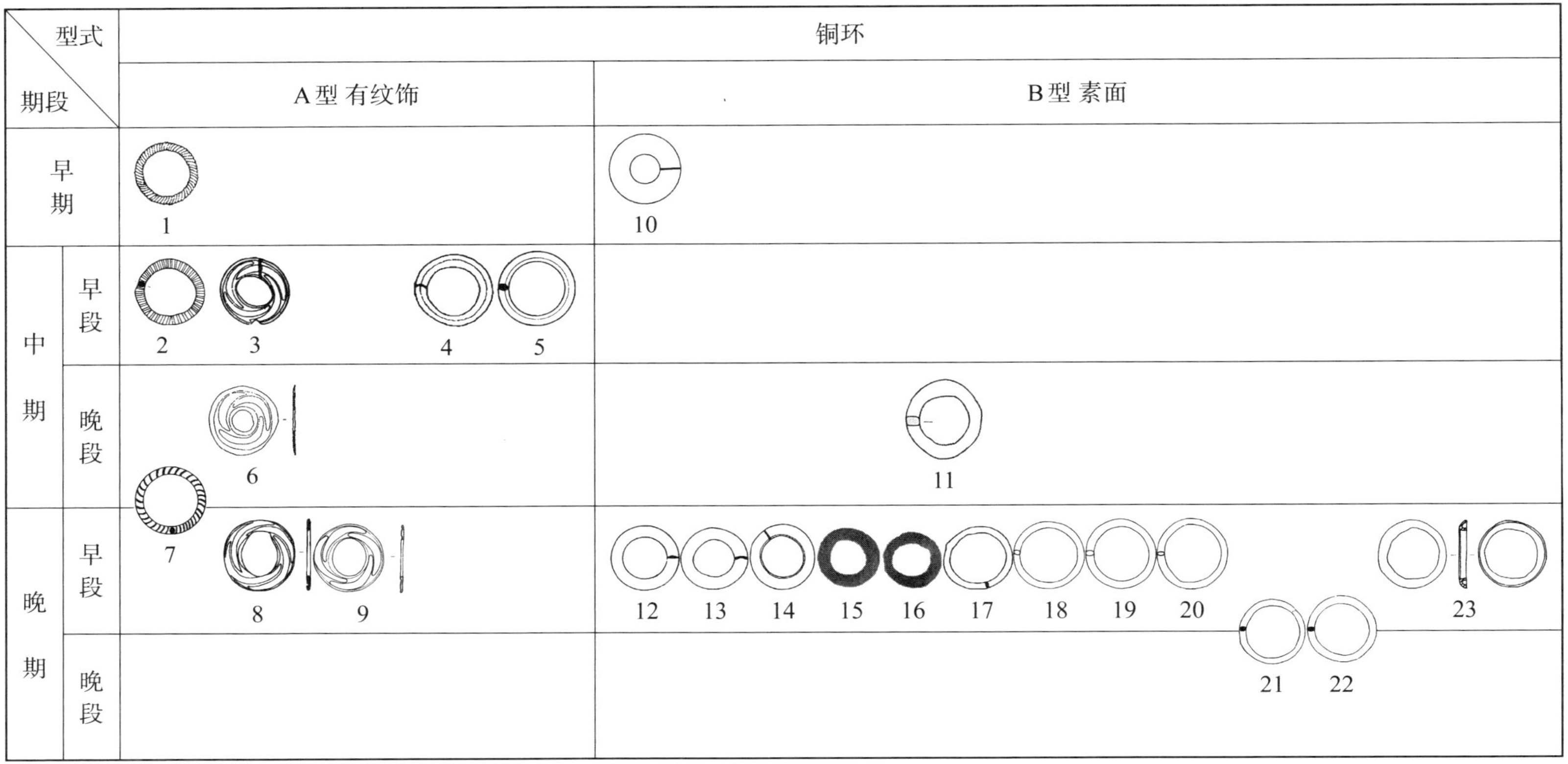

图3.8 环的型与期段划分

1. 中宁县倪丁村M2 2. 九龙山M11 3. 于家庄SM3 4. 彭阳县白草洼村 5. 彭阳县白林村 6. 杨郎乡马庄 I M4 7. 彭阳县古城乡 8. 张街村M3 9. 王大户M7 10. 倪丁村M2 11. 九龙山M4 12. 河川乡上台村芦子沟嘴 13. 陈阳川村采集 14. 张街村M2 15—16. 西吉县陈阳川村 17. 陈阳川村M3 18. 王大户M2 19. 王大户M3 20. 彭阳米沟178 21. 杨郎乡马庄采集 22. 杨郎乡马庄 I M7 23. 王大户M6

型式 / 期段	A型 平口 未分期	B型 凹形口 Ba型 素面	Bb型 有纹饰
早期		5	
中期 早段			9 　　　　10
中期 晚段	1	6　7	11　12　13
晚期 早段	2　3　（未分期 4）		14　15
晚期 晚段		8	16

图3.9 铃形饰的型与期段划分

1. 于家庄M12　2. 杨郎乡马庄Ⅲ M1　3. 杨郎乡马庄Ⅱ M17　4. 杨郎乡马庄
5. 中宁县倪丁村M1　6. 于家庄M9　7. 杨郎乡马庄Ⅲ M2　8. 中庄M1
9. 于家庄SM3　10. 撒门村　11—13. 于家庄M14　14. 河川乡上台村芦子沟嘴
15. 陈阳川村　16. 中庄M1

型式 / 期段	A型 圆牌			B型 镜形饰
早期	1 2 3			
中期 早段	4			
中期 晚段	5			10 11 12
晚期 早段	6 7 8 9			13
晚期 晚段				

图3.10 圆牌和镜形饰的型与期段划分

1—3. 中宁县倪丁村M2　4. 撒门村　5. 官台村　6. 中卫县狼窝子坑M1　7—8. 头营乡王家坪
9. 中卫县狼窝子坑M1　10. 于家庄M15　11. 于家庄M2　12. 于家庄M3　13. 王大户M6

第三节　类型划分与分期演变分析

本书是在对每一类青铜器进行全面收集后，提出这个系统的器类和型与式的划分。第一步是对器类进行划分，根据形态对器物的名称进行认真分析，同时还参考器物的尺寸和出土的位置。第二步是划分出不同的型与亚型，根据比较分析同一器类中全部器物得出。例如数量众多的铜泡饰，是经过对全部出土物进行分析比较后划分出各种型和亚型。第三步是根据所在墓葬的分期结果，把它们放入相应的年代序列中。第四步是将其中同一类的器物进行比较来确定那些有意义的差别，并以此作为划分式的标准。当然不是所有的器物都能够分期和具有发展演变规律，也不是所有发展演变我们都能够识别出来。所以能够划分式的器类只占青铜器中的一部分，但是它们大多是非常重要的、出土数量比较多的器物。

宁夏东周北方青铜器可以分为三大类：兵器工具、车马器以及服饰品。这时期的中国北方长城文化带乃至整个欧亚草原的考古遗存都以墓葬为主，随葬的金属器有青铜器和一定量的铁器，也可分为这三大类。这时的草原又被叫作斯基泰时代。而斯基泰时代最典型的就是所谓的兵器、马具和动物纹构成的三要素，这反映了这时期整个欧亚草原盛行的武装性、流动性和动物崇拜的信仰体系。

在型式划分中，我们首先依据各类器物的特点分型，再结合已有的时空框架进行分期，然后对其再进一步做出式别的判断。当然，并不是每一种器物都能够划分出式，很多规律我们现在可能无法清楚地认识。一般来说，往往是一些具有地域文化特色的，出土数量较多的器物能够明显地体现出演变特征。在分期研究中我们把最有把握的那些器物分出式别，因为这些器物演变序列清晰，每一式别的器物有明确的使用期段；还有些器物我们是根据它所出土墓葬的断代确定的，至于这些器物是否出现得更早或延续得更晚，目前是无法确认的，有待将来更多考古发现的验证。有些器物发现的数量太少，即使早晚有变化，也很难识别出其中的变化规律，但我们的尝试也许可以为以后的研究提供参考。以最具代表性的短剑为例，我们以剑柄和剑格为依据分型，然后将一类器物的所有亚型统一进行分式，这种式别体现的是短剑的整体分期规律，这样的方法在本书中占大多数。也有个别器类是在不同的亚型下分式的，比如鹤嘴斧。但就目前的研究情况来看，这种整体分式的方法更适合北方文化青铜器的特点，也更能体现出这些器物的发展演变。

一、兵器工具类

兵器工具共有11类。宁夏地区的此类器物相较于其他北方文化地区要更为丰富，是该地区的一大特色。

（一）剑

剑（图1.1）可以分为两大系统，北方式扁茎剑与三叉护手剑。它们的发展演变是不同的，因此分别分式。北方式剑按剑首分为兽首、单环首和菌首三个型。剑格的变化代表了器物的早晚。由于各型的发展演变规律相同，因此北方式统一分式。

最早的Ⅰ式剑的剑格为双翼形，两端上翘，有的剑格下的剑身两侧内凹。这种内凹的特征见于西周中期前后的北京昌平县白浮墓葬的短剑。剑首的动物形象写实。Ⅱ式剑的剑格介于双翼形和一字形之间，两端基本平直。这一式的剑的数量最多，样式也最丰富。Ⅲ式剑的剑格介于翼状和一字形之间，两端下垂。这类短剑的数量最少。

三叉护手剑的剑首以菌首为主，主要变化也是在剑格上。Ⅰ式的剑格略短，三叉相连，剑格与剑柄的连接处比较圆滑，剑柄饰以螺旋纹或螺旋纹之间有细条纹的繁缛螺旋纹。Ⅱ式的剑格略长，三个叉之间分开，剑格与剑柄分界清晰，剑柄饰粟点纹。Ⅲ式的剑格为加长型，剑身细长。Ⅳ式剑的加长剑格有若干突出的棘刺。所以这种剑的变化主要在的剑格，它在整个剑体中越来越突出。

（二）刀

刀（图1.2）根据刀首形状分为环首和不规则孔两型。根据刀首、柄部装饰、柄与刃的分界以及整体形状，刀可以统一分为三式。Ⅰ式均为A型大环首，柄部多有纹饰，柄部与刀身分界明显，整体多为弧形。Ⅱ式刀首为不规则孔，柄部只有少量有纹饰，柄部与刀身分界仍然可见，整体形状近直。Ⅲ式刀首为不规则小孔，柄部素面，柄部与刀身分界基本消失，整体竖直。

（三）鹤嘴斧

鹤嘴斧（图1.3）根据斧身两端的形状分为不同的型，每一型可以分为不同的式。A I 式并不是真正意义的鹤嘴斧，它是介于有銎斧和鹤嘴斧之间，两端都是扁刃，整体轻薄。A II 式和B I 式是两端平直的鹤嘴斧，整体厚重，具有砍杀和斫杀功能。除了标准的一端扁刃一端鹤嘴的形制外，还有两端都是扁刃或都是圆柱状的。B II 式鹤嘴斧两端下垂，有很多是铁质的。值得注意的是，中国北方的鹤嘴斧没有长管銎，根据图瓦阿尔然1号冢和2号冢的定年和形制可知[1]。长管銎的鹤嘴斧出现时间更早，由此判断中国北方的鹤嘴斧是由欧亚草原传来的。

（四）矛

矛（图1.4）的数量比较多。矛主要分为柳叶形、菱形两种，还有数量极少的不规则的异形，以及中原特点的锋骹一体的。矛的数量虽多，但是没有发现其确切的演变规律，因此没有分式。内蒙古地区基本不见矛，由此可知，两地作战方式有所不同，而米努辛斯克博物馆有相当数量的矛，说明宁夏在武器方面与南西伯利亚草原有相似之处。

（五）镦

镦是矛"柲"后端所安的铜件。宁夏地区在春秋晚期就有少量镦，进入战国时代铜镦数量很多，随后又逐渐减少，它的数量变化与矛的变化是一致的。宁夏地区的镦基本不见于内蒙古地区，但是米努辛斯克发现了矛与镦。

镦（图1.5）主要分为圜形底的A型和尖圆形底的B型，其中B型的数量较多，存在早晚的形制变化。B I 式尖圆底没有棱线，B II 式有一道棱线，B III 式有二道棱线，两道棱线之间的器壁有凸凹变化，形状逐渐复杂。

（六）镞

镞（图1.6）的数量较少，分为有铤和有銎的A和B两型。均为三翼或三棱，极少有无翼镞。有铤镞流行于早期和中期早段，随后被有銎镞所代替。

---

[1] a. Gryaznov, M. P. Arzhan: Tsarskii kurgan ranneskifskovo vremeni (Arzhan: The Tsar Kurgan of the EarlyScythian Time). Leningrad. 1980.; Leonid Marsadolov: The Cimmerian Tradition of the Gordion Tumuli Found in the Altai Barrows, in: Kurgans, Ritual Sites, and Settlements Eurasian Bronze and Iron Age, BAR International Series 890, 2000.

b. Michail Petrovic Grjayznov: Der GroßKurgan von Arzan in Tuva, Südsibirien, Verlag C.H. Beck München, 1984.

（七）斧

斧（图1.7）为正刃，刃部两侧分为外撇和平直的A和B两型。斧可以分为二式。Ⅰ式整体瘦长，Ⅱ式整体宽扁，有些制作比较粗糙。

（八）锛

锛（图1.8）为扁刃，刃部两侧分为外撇与平直的A和B两型。早期A型数量多，棱角清晰，制作规整；晚期B型数量多，转角处略为圆润。

（九）凿

凿（图1.9）多为器身窄长，刃部平直略内收。銎口分为有箍和没有箍的A和B两型。B型出现得早，一直延续到晚期，A型主要见于晚期。

（十）针管

针管（图1.10）出土时有少量装有骨针，有的骨针用皮条包裹。按横截面的形状，针管可以分为长方形和圆形两型。长方形针管的表面均有纹饰，并有一半左右的针管背部有镂空。圆形针管没有镂空，但少量为素面。针管的使用年代主要为中期晚段和晚期早段，早期有少量长方形针管，晚期有少量圆形针管。

（十一）锥

锥（图1.11）的数量很少，没有明显的演变。

二、车马器类

车马器是宁夏地区的特色器物，种类数量都比较丰富，但能进行分式的只有当卢与马面饰和单柄圆牌饰两种。其余器类虽然并未划分式，但有些仍能体现出一定的发展规律，比如：竿头饰和马衔。

（一）当卢与马面饰

当卢与马面饰（图2.1）同属马具，装置于马脸部对要害部位能起到一定程度的保护作用。另外这种青铜制品同时具有一定的装饰性。宁夏地区的当卢可分为两种：一种近似鞋底前半部形状，有背钮，正面多饰阴刻的鹰的图案；另一种狭长的鞋底形当卢也有背钮，饰一周三角纹，器身上端有一对眼睛的图案。这两种形制的当卢均出现在早期，之后未见。

马面饰当中A型马面饰数量较少，且仅出现于早期至中期早段。B型马面饰在早期仅发现一件，有背钮。进入中期晚段，B型马面饰正面上端开始出现凸泡（Ⅱ式），背钮位于凸泡的内侧。晚期早段仍有这种凸泡式的马面饰，但是凸管开始取代凸泡，背钮位于凸管内，这一时期的凸管还比较短（Ⅲ式）。晚期晚段的 B 型马面饰凸管加长（Ⅳ式），个别器物除凸管内的背钮外，器物正面凸管两侧也有桥钮。B 型马面饰还有一定的异形，其中主要是晚期早段出现的圆形或上端圆形，下端圭形的马面饰，同样使用凸管。B 型马面饰经历了一个外弧-凸泡-短凸管-长凸管的发展过程，除了时代特征外更体现了使用时穿系方式的转变，凸管与背钮结合使得马面饰正反两面都可以绕绳。由于马面饰数量较多，而且演变序列清晰，所以通过组合关系，建立了宁夏车马器的分期体系。

（二）铃

宁夏是车马器中铃（图2.2）数量最多的地区，反映了当地人热衷于装饰车马的传统。根据墓葬的定年可以确定这些器物的年代，但是看不出明显的演变规律。

（三）马衔与马镳

马衔马镳（图2.3）是御马器。马衔的变化比较简单，早期没有 A 型马衔，到了晚期，A 型马衔两端的圆环偏向一侧。B 型可以分为两个亚型：早期只有 Ba 型双环首马衔，两旁联镳的环为双环，从中期晚段开始出现 Bb 型单环首马衔，即两旁联镳的为单环，S 形金属马镳主要见于晚期。

（四）节约

节约（图2.4）也是御马器。宁夏地区的节约种类丰富，数量较多。

（五）单柄圆牌饰

单柄圆牌饰（图2.5）发现数量不多，但其发展变化仍有一定规律，可以统一分式。这种器物在中期晚段开始出现，最早出现的是Ⅰ式圆牌饰。晚期的是Ⅱ式圆牌饰，铲形柄部演变成了长方形銎孔。同时，晚期还出现了Ⅲ式，它的铲形柄部只有长方形銎孔这一种形态。单柄圆牌饰是非常特殊的一类器物，关于它的作用现在还没有特别明确的说法。有一种说法认为是一种车饰。在已发现的圆牌饰中，个别器物的銎孔中残存木屑，Ⅰ式圆牌饰的柄部也有钮用于穿系。还有一种组合式的异形圆牌饰，圆牌下接一圆泡。

（六）车辕饰

车辕饰（图2.6）有一定数量，形态比较单一，只是到了晚期出现少量有纹饰或者动物首的装饰。这说明晚期动物风格更加流行。

（七）竿头饰

竿头饰（图2.7）可能是罩在车舆四框的顶部，为了防止雨水浸入引起木质的腐烂，早期主要是最简单的泡状。它还可以起到招摇的作用，所以草原人就开始用喜好的动物对其进行装饰（图2.7），主要有鹰、鹿和羊等动物。竿头饰早期基本不见，中期早段A型竿头饰开始出现且成为主流。兽首题材的B型竿头饰在中期晚段开始出现，晚期早段以Bc型鹰首竿头饰为主且比较发达，晚期晚段消失，晚期晚段的竿头饰主要是Ba型羊首和Bb型鹿首，这种动物题材使用的转变可能表示了宁夏地区东周时期人们审美风格的时代变化，即晚期动物风格更加流行。

（八）立体动物形饰

动物形饰分为立体（图2.8）和平面两种。宁夏的立体动物形饰出现于中期晚段，一直流行到晚期晚段，也是晚期动物风格流行的表现。造型基本以蹲踞式腹中空的动物为主，与内蒙古伫立状站在器座上的不同，也可能是作为一种类似竿头饰的器物来使用的。

（九）动物形饰

平面的动物形饰（图2.9）数量很少，只见于晚期晚段，根据发掘者描述，这种器物发现时是几个相隔一定间距插在墓底部的地面上，与车器在一起，很可能是代表着它所装饰的车。

（十）车器

车饰（图2.10）包括三类，首先是装饰车轮和车舆的还有镂空的几何形装饰，有些器形广泛见于甘肃天水地区的马家塬墓地[①]。

其他类的还有车輨、軎辖、軏饰等（图2.10）。其中车輨与中原的同类器有些相似。

从车辕饰和竿头饰到晚期出现立体与平面动物装饰在中晚期的流行可以看出，宁夏地区在战国中晚期流行动物风格的装饰。与内蒙古同类器比较可以看出，宁夏地区的北方文化非常重视对马和车的装饰，所以当卢、马面饰、铃铛和单柄圆牌饰

---

① 甘肃省文物考古研究所、张家川回族自治县博物馆：《2006年度甘肃张家川回族自治县马家塬战国墓地发掘简报》，《文物》2008年第9期；早期秦文化联合考古队、张家川回族自治县博物馆：《张家川马家塬战国墓地2007—2008年发掘简报》，《文物》2009年第10期；《张家川马家塬战国墓地2008—2009年发掘简报》，《文物》2010年第10期；《张家川马家塬战国墓地2010—2011年发掘简报》，《文物》2012年第8期。

非常发达。

三、服饰品类

宁夏地区的服饰品与一些北方文化的相关地区相比，虽然丰富程度上有差距，但仍具有很强的地域特色。服饰品中，除了带扣和动物牌饰外，其余器类均无法进行式的划分，包括泡饰、S形牌饰、环、铃、圆牌和镜形饰，这几种器物自身并没有明显的发展演变规律，但结合在一起能够很清楚地看出，几种器物在中期晚段到晚期早段大量出现且形态丰富，与这几种器物早期数量很少或根本不见形成对比。由此也可以看出在宁夏地区东周时期的北方文化中，中期晚段到晚期早段是服饰品大量流行的一个时期，不仅在随葬品中大量出现，形制也得到了丰富和发展。

（一）身体配饰

身体配饰（图3.1）发现的数量比较少，其中耳环在晚期早段出现，开始为单环状，至晚期晚段开始演变呈复杂的复合式耳环，单环下坠接金球、铃铛、锁链等坠饰。

（二）泡饰

泡饰（图3.2）数量多，种类也多，因此分型复杂。早期泡饰表面有放射状纹饰，中晚期出现花瓣形泡饰，但是大多数铜泡为素面，从早到晚的形态变化不明显。

（三）带扣

这是时代特征相对明显的器物。根据扣钩形态的不同，带扣（图3.3）可以分为两式。早期就已经出现带扣，这一时期的带扣均为Ⅰ式，Ⅰ式带扣的扣舌位于扣环下端外缘，末端向下弯曲明显。发展到中期，以Ⅱ式为主，扣舌移至环的中部，向外斜直伸出没有弯曲。早期仅有两件Ⅰ式带扣，中期晚段到晚期早段各式带扣大量出现。从带扣式别与分期可以看出，器物的演变与分期既有联系也有区别。A型的各种亚型这一时期均有发现，B型带扣仅在晚期早段发现。

（四）联珠泡饰

联珠泡饰（图3.4）根据纹饰与形态分为不同的型，早期不见，到中期的早段开始出现，到晚期早段仍然流行，晚期晚段则基本消失。与内蒙古地区相比，内蒙古早期有少量联珠泡饰，中期早段数量剧增，中期晚段就已经基本消失。宁夏地区的联珠泡饰很可能是内蒙古影响的结果。

（五）S形牌饰

S形牌饰（图3.5）以云纹为主，也有很写实的对角动物纹及其变体。出现于中期早段，到晚期早段最为发达。而内蒙古地区最发达的是中期早段，所以宁夏地区的S形牌饰也是从内蒙古地区传入的，但是写实动物纹牌饰是宁夏自身特点。

宁夏的联珠泡饰和S形饰牌与内蒙古地区的非常相似，但是两地流行的时间不同。宁夏在中期早段数量很少，而这个时期内蒙古的数量最多；到了中期晚段，内蒙古的数量明显减少，而宁夏地区一直到晚期早段仍然十分流行，到晚期晚段才逐渐消失。

（六）动物纹牌饰

动物纹牌饰（图3.6）也是时代特征比较明显的器物，尤其是A型和B型，可以统一分式。在早期和中期早段均未发现，从中期晚段开始出现，发展到晚期早段已经十分丰富，说明中晚期开始流行动物风格。A型和B型牌饰均只出现于晚期，Ⅰ式的器型整体为比较写实的动物体态。晚期晚段的牌饰，尾部和足部形成半边框，其头和背的线条也几近平直。Ⅱ式当中年代更晚的器型则具有完整的边框。通过与内蒙古地区的饰牌的形态与年代进行比较，可以看出宁夏的A和B型动物纹牌饰饰是从内蒙古传过来的。具有本地特色的C型牌饰和异形牌饰也均有龙、兽、象等动物装饰题材，且形制都很复杂，很多器物的做工非常精美。

值得注意的是，前文提到，大部分服饰品的主要流行期为中期晚段到晚期早段，晚期晚段很多服饰品就已经消失或几乎不见。C型牌饰和异形牌饰在晚期晚段已经甚少出现，尤其是异形牌饰中，晚期早段不乏一些制作精良、器型繁复的个体，但晚期晚段在现存资料中仅发现一件。A型和B型牌饰则与其他服饰品不同，晚期晚段是这两型牌饰最为发达的时期，数量多，器型丰富，也有一些精品。比如Ⅱ式牌饰的三件均为金制品，可能其所有者的身份地位比较高或具有一定的财富。可见在其他种类服饰品已经不流行的晚期晚段，这一时期宁夏地区的北方文化人群仍然把动物纹牌饰作为一种很重要和推崇的服饰品，并且将其作为一种身份的象征。

（七）其他装饰品

管状饰（图3.7）、环（图3.8）和铃形饰（图3.9）构成了腰部串成的挂饰。其中铃形饰与车马器中的铃铛在尺寸上和形态上是有明显区别的。

（八）圆牌和镜形饰

圆牌和镜形饰（图3.10）根据纹饰和形态可以分成两型：A型早期就有出现，中期晚段和晚期早段最为发达；B型流行时间较为集中，在中期晚段和晚期早段，而且与图瓦、蒙古和南西伯利亚的形制相似，可以说明草原上这类器物的年代。

带扣、动物纹牌饰、联珠泡饰和S形饰牌都是腰带上的装饰，这四种器物在宁夏和内蒙古两地都非常相似，除带扣外都呈现出从内蒙古向宁夏传播的趋势，这应该就是北方胡人的装束，即所谓的"胡服"。其中年代最早、数量最多的地区是以毛庆沟墓地为代表的岱海地区，这应当就是赵武灵王要效仿的"胡服骑射"的胡人分布区。

小结

宁夏东周时期北方青铜器按照功能可以分为兵器工具、车马器和服饰品，它们的相似性在各地的发展中代表着不同的经济、社会和族群方面的意义。

在兵器工具中，可以明确南西伯利亚尤其是米努辛斯克盆地对中国北方的内蒙古和宁夏都有影响。双鸟回首剑、孔首刀最早见于早期的宁夏中宁的倪丁村墓葬，然后逐渐向东传[1]。宁夏在早期仍然使用当地自商周以来的管銎斧，中期出现鹤嘴斧。从墓葬中可知，武士的标配有两种组合：剑+刀，或剑+鹤嘴斧，而这些都是从草原传入的，说明游牧化初期武士贵族的形成受到了草原游牧人群的影响。内蒙古和宁夏地区是胡人的分布区，而不见鹤嘴斧的冀北地区属于戎狄分布区[2]。

宁夏地区的车马器最为发达。如果把车马器分为实用器和装饰类来看，实用器在宁夏、内蒙古和南西伯利亚草原都有发现；而装饰类基本只见于宁夏地区，内蒙古西部受其影响也有少量发现。这说明东周时期宁夏的古代人群非常注重对车和马的装饰。

中国北方的服饰品发达，考古发现的中国北方的"胡服"主要体现在腰带饰上，由带扣、联珠泡饰、S形饰牌以及动物纹牌饰构成。最有代表性的是毛庆沟墓地的腰带饰。有S形饰牌和联珠泡饰两种组合，一个墓葬里只使用一种，动物纹牌饰多是与联珠泡饰一起使用。在腰带饰上可以悬挂防身的短剑或随时需要使用的刀

---

① 杨建华、邵会秋、潘玲：《欧亚草原东部的金属之路》，上海古籍出版社，2016年。
② 杨建华：《东周时期中国北方两种文化遗存辨析》，《考古学报》2009年第2期。

子[①]。内蒙古和宁夏的联珠泡饰、S形饰牌以及动物纹牌饰的分类与发展演变基本一致，从年代上宁夏都比内蒙古的晚，这说明胡服骑射最早出现在内蒙古东部岱海地区，逐渐向西扩展。

总之，宁夏的兵器和工具与内蒙古有很强的一致性，尤其是武士的标配都是剑和刀以及剑和鹤嘴斧，而且多是由草原传入中国北方的。但是内蒙古没有矛，说明两地的作战方式有所区别，而米努辛斯克与宁夏相似，都有刺兵器。

车马器中宁夏的实用器与内蒙古基本相同，尤其是御马器衔与镳的相似，说明各地都进入了骑马游牧和骑射阶段。但是宁夏出土的大量装饰类的车马器不见于内蒙古地区，说明宁夏地区偏爱对车马的装饰。

服饰品方面宁夏与内蒙古有着很强的一致性，只是年代略晚，说明两地的人群在装束上有很大的同一性，这是族群的标识物，应当都是东周时期胡人留下的青铜器遗存。

[①] 赵欣欣、杨建华：《东周胡服的考古学考察——以内蒙古出土北方系青铜服饰品为例》，《北方文物》2019年第1期。

第二章

出土位置与功能的考察

关于这一问题，可供研究的资料包括于家庄墓地、马庄墓地、张街墓地和新发表的王大户墓地和中庄墓地。这五处墓地经过科学发掘并且资料发表较好，出土的青铜器很多在墓中的位置较为明确。根据这些难得的墓葬资料，我们可以从出土位置的角度获得很多线索。有些器物其功能已经很明确，出土位置可以帮助我们了解其使用方法，有些器物功能不甚明确，通过了解其在墓葬当中的位置有助于分析其功能。从实际在墓葬中的使用状况对这些北方青铜器进行探索，可以帮助我们在这些器物的功能、使用方式、当地的青铜器使用习俗等方面获得很多新认识。

　　根据已发表的资料，于家庄墓地共有7座发表平面图的墓葬[1]，马庄墓地有9座[2]，张街墓地有3座[3]，王大户墓地有7座墓葬[4]，中庄墓地有一座墓保存和发表情况均比较好。我们通过这27座墓的平面图，初步了解一下宁夏地区北方青铜器在墓葬当中的分布特点，并在此基础上对其功能等问题进行进一步探讨。

① 宁夏文物考古研究所：《宁夏彭堡于家庄墓地》，《考古学报》1995年第1期。
② 宁夏文物考古研究所、固原博物馆：《宁夏固原杨郎青铜文化墓地》，《考古学报》1993年第1期。
③ 宁夏回族自治区文物考古研究所、彭阳县文物站：《宁夏彭阳县张街村春秋战国墓地》，《考古》2002年第8期。
④ 宁夏文物考古研究所、彭阳县文物管理所：《王大户与九龙山——北方青铜文化墓地》，文物出版社，2016年。

第一节　兵器工具类

在5处墓地的27座墓葬当中，共有23座墓葬有兵器工具出土：于家庄有7座、马庄有7座、张街有2座、王大户有6座、中庄有1座。其中不论是竖穴土坑墓还是洞室墓，兵器工具都放置在墓室中，放置于人骨周围。

短剑出现在8座墓中。在6座中均出土于人骨腰胯部，有的位于胯部正中，有的位于两侧，近手部的位置，如张街M2（彩版一）。共有12座墓出土刀。其中8座墓的刀均位于人骨腰胯部，如马庄Ⅰ M1（彩版二）。针管的资料发表不全，报告里记录的"铜管"有一部分可能为管状饰。我们可以根据一部分出土的铜管里面带有针或锥确定其为工具，另外还可以参考尺寸。通过这些我们可以确定共有5座墓在人骨的腰胯部出土了针管，比如马庄Ⅰ M3（彩版三）。

以上三类器物是出现频次最多的兵器工具，除此之外，其他类别的兵器工具，出现次数均较少。这些类别的青铜器虽然都位于墓室中，但根据其所处的位置来看，下葬时应该都不是佩戴于死者身上的，而是之后放置于人骨周围的。

兵器工具的功能基本都很明确，这些出土位置有助于我们了解其随葬习俗。通过以上的统计我们可以发现，大部分的短剑、刀和针管位于人骨的腰胯部。这些器物的位置表明，它们应该是入葬时佩戴于死者腰间的，或者至少是特别摆放在腰胯部的。王大户墓地的M2（彩版四）和M3（彩版五），两座墓葬中各出土了一把Aa型的短剑，也大致位于人骨的腰胯部，但这两座墓中的人骨经鉴定分别为2—3岁和约1.5岁的儿童，因此让其佩戴短剑下葬是不太可能的。另外两座墓中同时出土的武器均为Bc型矛，M2出土的Aa型剑通长14.8厘米，Bc型矛通长10厘米。M3中出土的Aa型剑通长15厘米，Bc型矛通长9.9厘米。同时代的Aa型剑见于王大户M5，通长为20.4厘米，同时代的Bc型矛有两件，尺寸分别为12.6厘米和14.3厘米。结合所做的尺寸统计，我们发现这两件短剑和两件矛的尺寸都小于同类型同时代的短剑和矛的尺寸。因此M2和M3中的短剑跟矛可能并不是实用器，也不可能是墓主人使用过的物品。但将其放置在腰胯间的位置，可能是强调这些兵器的象征意义，以此来代表两座墓中儿童的身份地位或其家族的属性。

其余数量不多的兵器和工具，主要包括矛、戈，斧、锛、凿。这些器物本身不是随身佩戴于腰胯或身体上的。而摆放位置上，未见明显的规律，均放置于墓室中人骨周围，位置不固定，这些应该都是人骨下葬后摆放的，一定程度上体现了宁夏东周北方文化人群在下葬过程中随葬品摆放的随意性。

第二节　车马器类

这27座墓葬资料中，竖穴土坑墓的车马器放置于墓室内，洞室墓中车马器在墓室和墓道中均有发现。洞室墓出土的车马器中，大多数马具都出土在墓室，也有少数放置在墓道，如王大户M4，但其中出土的是铁马衔。

有明确出土位置的车具共三种，车軎、车辕饰、竿头饰。竿头饰在墓室和墓道中均有发现，未见明显的规律。出土车軎的有三座墓，分别是马庄ⅠM8（彩版六），ⅢM3（彩版七）和ⅢM4（彩版九）。后两座墓中同时出土了车辕饰。马庄ⅠM8是一座儿童墓，形制为竖穴土坑墓，因为儿童不使用成人的洞室墓。这座墓其他的随葬品虽然不多，但出土了玛瑙耳坠和石串珠。ⅢM3的殉牲数量达到54具，在人骨旁出土了银耳环（彩版八）。ⅢM4也有多达47具殉牲，人骨旁出土了金耳环和石串珠（彩版十）。从这三座墓的随葬品组合可以看出，随葬车具的墓葬等级应该比较高，或者说墓主人都具有相当的物质财富。出土位置方面，由于马庄ⅠM8是竖穴土坑墓，车軎放置于墓室中（彩版六）。马庄ⅢM3（彩版七）和ⅢM4（彩版九）是两座洞室墓。虽然报告的描述不够详细，但结合线图，这两座墓的车軎和车辕饰都位于墓道中，与殉牲放置在一起。对比甘肃地区马家塬的墓葬，不论土坑墓还是洞室墓，均有在墓道中随葬完整车辆的现象。宁夏地区的墓葬在墓道中随葬车具的行为，很可能是象征着完整的车辆。

动物形饰和立体动物形饰是两类比较特殊的器物，出现在马庄和王大户两处墓地。立体动物形饰的通长多在6—9厘米之间，通高一般为5—7厘米。很多发现的立体动物形饰的空腔内残存木屑。动物形饰为扁平片状，通长在10.5—13.8厘米之间。动物形饰只见于马庄两座洞室墓ⅢM4（彩版十）和ⅢM5两座墓（彩版十一）。ⅢM5的墓室中人骨右腿的外侧出土3件动物形饰。ⅢM4比较特殊，出土的动物形饰在墓室靠近墓道的边缘插放了一排，而立体动物形饰大部分与殉牲一起放置在墓道填土中，原报告描述得不够详细，但至少有1件立体动物形饰应该是放在墓室中（彩版十）。除了马庄ⅢM4之外，其他出土立体动物形饰的还有4座墓，均为洞室墓，且都放置在墓室中的人骨周围，有的集中摆放，如中庄M1（彩版十八）。

关于这两种器物的作用和在墓葬当中的意义一直不太明确，我们认为存在两种可能。一是这两种器物可能是车饰。立体动物形饰可能安放在车轮等部位，但这种推测缺乏实物例证。扁平的动物形饰可以镶嵌在车的舆板等部位，马家塬战国墓地发现有大角羊（原报告称）[①]，由很薄的银箔剪切镂刻而成，可以包在车舆板上作为装饰，其造型和宁夏的动物形饰较为相近。但相较于马家塬的银质大角羊，青铜质地的动物纹牌饰较厚，且无钮或其他可供穿系固定的结构。而且通过前文的位置分析我们知道，车具一般放置在墓道中，但这两座墓葬ⅢM4和ⅢM5出土的动物形饰均发现在墓室当中。

另一种更有可能的推测是，这两种器物是象征着殉牲。根据在墓葬当中的位置，除马庄ⅢM4较为特殊外，其他单位中的立体动物形饰均是放置在墓室里。这类器物具有比较强的写实风格，其腹腔内残存的木屑可能是木质底座的残余。则这样的器物安置了木质底座后相当于一个立体的动物小雕像。动物形饰写实性也比较强。宁夏地区的北方文化人群以这两种器物象征着殉牲，将其与真正的殉牲一起使用于墓葬当中来表示墓主人的身份地位或财富。但这种青铜质地的象征品又不同于殉牲，大部分和其他青铜制的随葬品一样可以放置于墓室当中。还有一点值得思考，虽然我们认为这两种器物象征着殉牲，但其所表现的是哪一种动物还不明确。两种器物中都有写实性很强的羊，将其认定为象征殉牲中的"羊"比较合理。但更多的是一种立耳的动物，我们在参考报告中的描述将其定名为鹿，但北方文化的殉牲中并未出现过鹿，那么这种兽类的形象随葬在墓葬中，是对无法随葬的殉牲种类的补充，还是这种近似于"鹿"的动物本身有一种含义，还有待今后的发现帮助我们进一步求证。

值得注意的是，马庄ⅢM4的墓室中动物形饰呈纵向排列的。宁夏东周时期的北方文化墓葬中殉牲的摆放大多数没有规律，有聚堆放置在墓道某处，也有散置于墓道当中的。个别墓葬如张街M3的殉牲头朝向一侧，且有五具头骨在墓室旁边纵

① 早期秦文化联合考古队、张家川回族自治县博物馆：《张家川马家塬战国墓地2007—2008年发掘简报》，《文物》2009年第10期。

向排成一列（彩版十二）。这种放置方式与马庄 III M4 的动物形饰纵向插于人骨旁有相似之处。可能类似这种将殉牲纵向排列在人骨旁边在宁夏地区的北方文化人群中有一定的宗教意义，并且在以小型铜制品代替殉牲下葬的方式中也得到了体现。张街 M3 墓葬当中的人骨为老年女性，马庄墓地的人骨资料缺乏性别和年龄鉴定，但我们推测这种习俗与人的社会身份可能具有一定关联。

第三节　服饰品类

所有墓葬当中均发现有服饰品，且均位于墓室中。

首先是身体配饰。于家庄SM4人骨右臂出一件臂钏[1]，马庄 III M5人骨左手出土铁手镯一件（彩版十一）。耳环见于马庄和王大户两处墓地，共有7座墓中出土，有5座墓出土于人骨耳部，单侧或双侧，如前文提到的马庄 III M3、III M4，以及马庄 III M5（彩版十一）。可见大部分的身体配饰都是下葬时佩戴于人骨身上的。

泡饰是服饰品类中出土最多的一类。除于家庄M17一座儿童合葬墓外，其余发表墓葬平面图的26座墓均有泡饰出土。但由于资料发表的限制，无法确定每一枚泡饰的尺寸和功能。从分布特点看，泡饰可以分为两类：一类的特点是一座墓出土4个以下泡饰，位置不固定，有的位于人骨上，有的散布在墓室中，如马庄 I M2（彩版十三）。另一类是一个墓葬随葬较多的泡饰，并且集中在一起，如王大户M6的是放置于人骨左侧（彩版十四），这些泡饰可能是固定在某种有机物品上的。

管状饰，环和铃形饰均属于挂饰。这三类器物出土的例子比较少，可能是腰间或胸部的挂饰。

腰带饰的位置比较有特点。

在这些有分布图的27座墓葬中，有10座墓出土了带扣，其中6座墓的带扣位于人骨的腰胯部。另外，张街M2（彩版一）和马庄 III M4（彩版十）人骨腰部出土的均为动物纹牌饰的带扣。可见这种形式的带扣和大部分的带扣可能是由墓主人佩戴下葬的。

联珠泡饰和S形牌饰均属于腰带上的装饰性牌饰。两种器物的放置与功能可以分为三种情况，第一种情况是散置于墓室中，有的仅有一件牌饰，有的则数量很

---

[1] 宁夏文物考古研究所：《宁夏彭堡于家庄墓地》，《考古学报》1995年第1期。

多，比如张街 M2 的墓室中均匀地散布着 Cb 型 S 形牌饰（彩版一）。第二种情况仅发现一例，马庄Ⅰ M3（彩版十五）的 7 件 Aa 型 S 形牌饰位于人骨腰胯处，一起出土的还有一枚带扣。这样的位置和组合方式可能表明这副腰带饰是佩戴于死者身上下葬的。但是需要注意的是，根据报告描述，这 7 件 S 形牌饰并不是统一样式的。因此也存在一种可能——死者下葬后放置在腰腹部起到象征作用的。第三种则是集中位于墓室中某一处，这种情况均出现于王大户墓地。王大户 M1 出土了一副完整的腰带饰，包括一枚带钩，13 枚 Aa 型 S 形牌饰，并且 S 形牌饰上保留了带鞓，这副完整的腰带饰放置于人骨肩部南侧一块树皮上[①]（彩版十七）。王大户 M6 中出土了一枚 Aa1 型带扣和 6 枚 B 型联珠泡饰，排列于人骨左小臂的外侧（彩版十四）。王大户 M7 出土了一枚 Aa 型带扣和 13 枚 B 型联珠泡饰，应该也是一副完整的腰带饰，放置于人骨右腿外侧（彩版十六）。

上文总结的联珠泡饰和 S 形牌饰的三种随葬方式中，第一种情况占大多数。由此可以看出，宁夏地区东周时期的北方文化人群在随葬服饰品的时候，形式上仍然比较随意。墓主人并不佩戴腰带饰，大多数时候仅象征性地放置一些在人骨旁边或其身上。

第二种情况中存在两种可能性。内蒙古同时期的北方文化的腰带饰很多都是佩戴在死者身上的，因此马庄Ⅰ M3 的例子表明，宁夏地区也应该存在这种形式。

第三种情况全部出现在王大户墓地，这是宁夏地区北方文化墓葬当中最新的一批资料。尤其是王大户 M1 中保存了皮革的整套腰带饰，在此之前从未见过。这副完整的腰带，放置于人骨旁的一块形状不规则的树皮上，体现了摆放时的一种特殊讲究，与第一种情况的相对随意性形成对比。这里我们可以看出一副完整腰带的形制（彩版十七）。它共有 13 块 A 型 S 形牌饰，每块的大小形制几乎完全一致，报告记载牌饰的长度为 4.3—4.4 厘米，宽度为 2.6—2.7 厘米。这副带饰的带扣为动物纹牌饰，动物身体上饰有弧线三角纹，身躯呈 "S" 形，整体是一种回首后顾，前后蹄交叠的姿态，颈部有一枚扣钩，可归入 C 型动物纹牌饰。带鞓在北方文化中属首次发现，这副腰带制作精美，根据残存结构复原，推测其最小周长为 80 厘米，应为一副实用制品。上文提到，以往宁夏地区北方文化的墓葬中的腰带饰从没有成套出

[①] 宁夏文物考古研究所、彭阳县文物管理所：《王大户与九龙山——北方青铜文化墓地》，文物出版社，2016 年。出土情况在线图中没有体现，但文字描述中明确说明。

土的。即使有的墓葬中出土的腰带饰数量较多，也是散置于墓室各处，且无法明确匹配成套。王大户M1和M7的资料表明，宁夏地区也有将整条腰带随葬的行为，但并未穿戴于死者身上。

第四节　小结

　　以上就是结合各类器物在墓葬当中的位置，对其功能所作的一个初步的推断。整体上，对三类器物在墓葬当中的位置统计有助于我们更加深入地认识这些青铜器。

　　兵器工具上，小件的兵器，如短剑和刀很多会佩戴于墓主人身上，但其他大型武器和工具摆放无明显规律。儿童墓当中仅随葬一把刀和一两件铜管。这应该是儿童墓随葬品的一种固定组合。随身佩戴的实用兵器多是佩戴在死者身上下葬。这应该体现了宁夏地区东周北方文化人群注重随身兵器的一种习惯。

　　车马器上，使用立体动物形饰和动物纹牌饰的现象仅见于晚期的马庄墓地、王大户墓地和中庄墓地。马具多出土于墓室中，放置于墓道中的车具则象征着完整的车辆，拥有车马器的墓葬随葬品整体都比较丰富，因此车器表现着使用者的社会身份等级或所拥有的财富。

　　服饰品中，身体配饰大多是佩戴在身上下葬的。王大户墓地出土的整副腰带给我们了解宁夏地区这一时期的腰带饰组合和安装方式提供了难得的材料。在下葬方式上，在宁夏见到一种将整副腰带单独摆放在死者身边的特殊葬俗。腰带饰可能是佩戴在死者身体上入葬的例子仅在马庄ⅠM3中见到，还不能完全确定。这说明与内蒙古不同，佩戴腰带下葬并不是宁夏地区东周时期人群的普遍丧葬习俗。

　　从以上分析我们可以看出，结合青铜器在墓葬当中的位置来探讨其功能，可以为我们提供很多关于器物使用方式的新线索。不仅着眼于一种器物在墓葬中的位置，而是同时关注器物组合，以及时代等问题，会让我们对于当时宁夏地区北方文化青铜器的使用方式有更多新认识。将这种方法应用于北方文化带的其他地区再进行地区间的比较，会让我们更清晰地认识到北方文化带内不同区域之间的人群青铜器使用习俗的差异。就目前来看，限于资料发表的情况，对一些器物的功能还没有办法提供一个更加明确的答案。很多关于器物功能、地区差别、时代演变的猜想也有待于更多资料的证实。当然，我们必须认识到从出土位置的角度并不能够解决这些北方青铜器功能的所有问题，这种方法存在局限性。但从这个角度对资料进行重新整理，希望会对北方青铜器的研究提供一些新启发。

彩 版

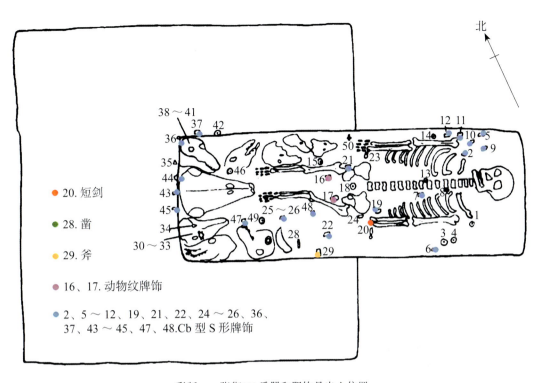

彩版一 张街M2兵器和服饰品出土位置

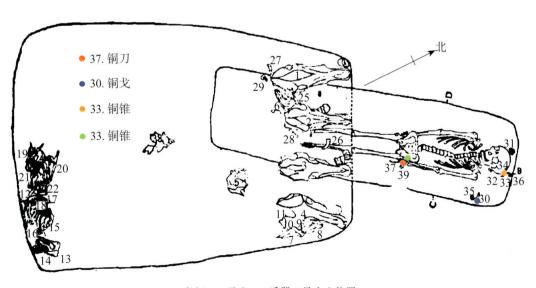

彩版二 马庄IM1兵器工具出土位置

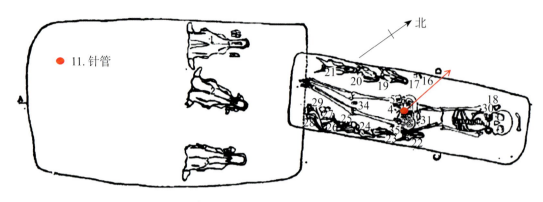

彩版三　马庄IM3针管出土位置

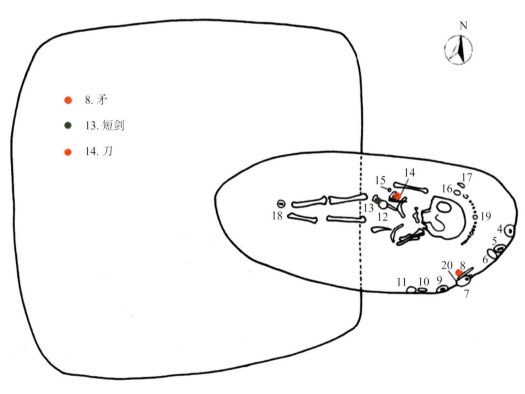

彩版四　王大户M2兵器出土位置

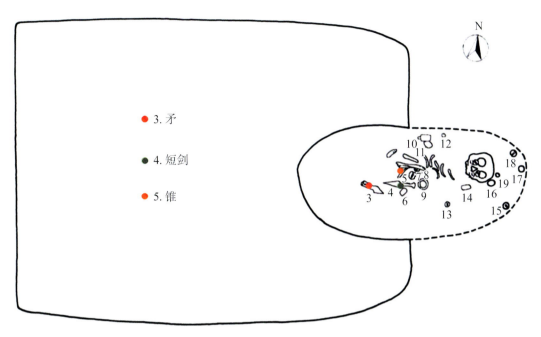

3. 矛

4. 短剑

5. 锥

彩版五　王大户 M3 兵器工具出土位置

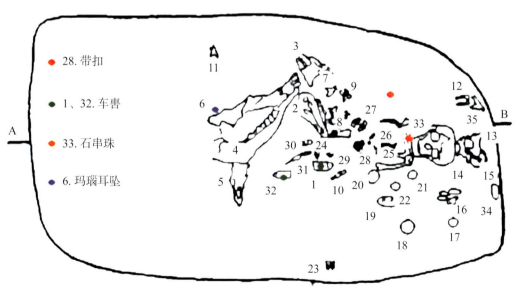

28. 带扣

1、32. 车軎

33. 石串珠

6. 玛瑙耳坠

彩版六　马庄 IM8 车马器和服饰品出土位置

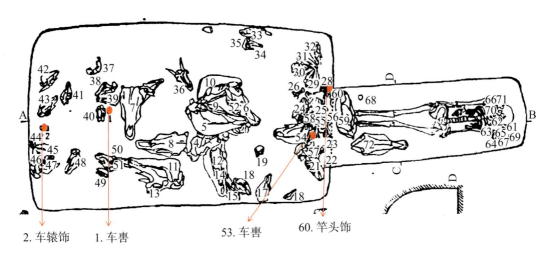

2. 车辕饰　　　1. 车軎　　　　53. 车軎　　　60. 竿头饰

彩版七　马庄Ⅲ M3整体及车马器出土位置

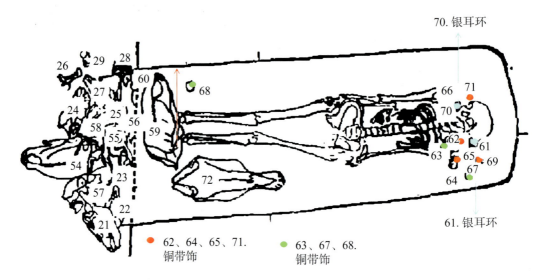

70. 银耳环

61. 银耳环

● 62、64、65、71.　　　● 63、67、68.
　铜带饰　　　　　　　铜带饰

彩版八　马庄Ⅲ M3局部及服饰品出土位置

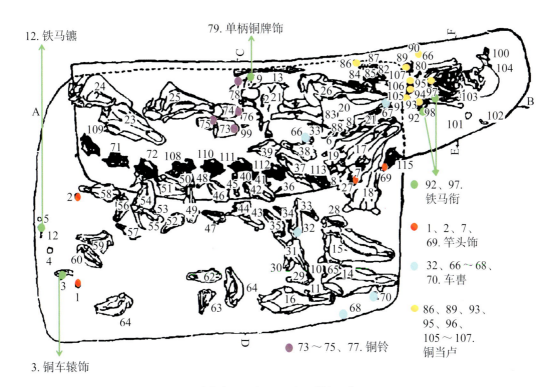

12. 铁马镳

79. 单柄铜牌饰

92、97.
铁马衔

1、2、7、
69. 竿头饰

32、66~68、
70. 车軎

86、89、93、
95、96、
105~107.
铜当卢

73~75、77. 铜铃

3. 铜车辕饰

彩版九　马庄Ⅲ M4 车马器出土位置

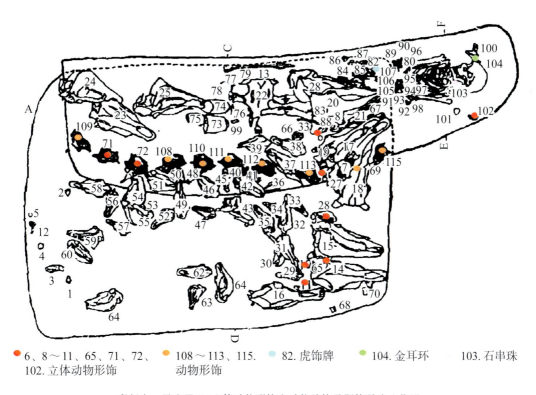

● 6、8~11、65、71、72、　　● 108~113、115.　　● 82. 虎饰牌　　● 104. 金耳环　　● 103. 石串珠
　102. 立体动物形饰　　　　　动物形饰

彩版十　马庄Ⅲ M4 立体动物形饰和动物牌饰及服饰品出土位置

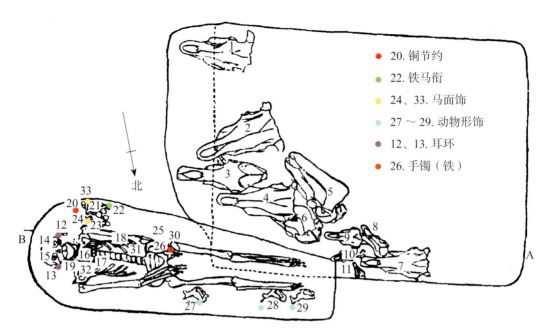

20. 铜节约

22. 铁马衔

24、33. 马面饰

27～29. 动物形饰

12、13. 耳环

26. 手镯（铁）

彩版十一　马庄ⅢM5车马器和服饰品出土位置

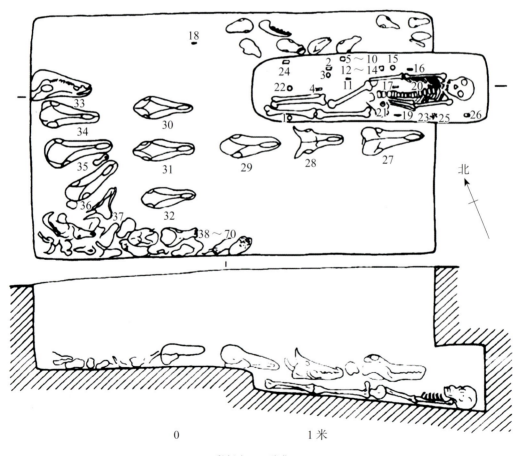

彩版十二　张街M3

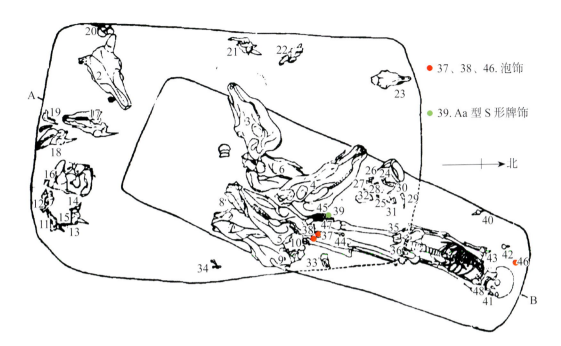

● 37、38、46. 泡饰

● 39. Aa 型 S 形牌饰

→北

彩版十三　马庄 I M2 服饰品出土位置

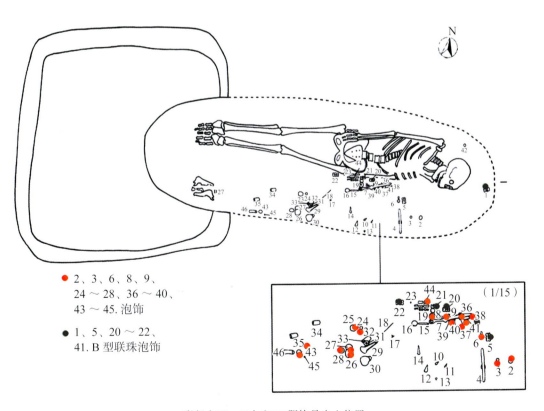

● 2、3、6、8、9、
　24～28、36～40、
　43～45. 泡饰

● 1、5、20～22、
　41. B 型联珠泡饰

（1/15）

彩版十四　王大户 M6 服饰品出土位置

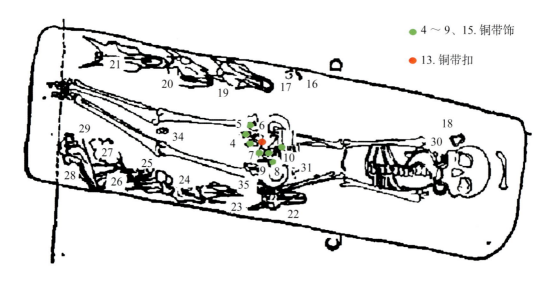

彩版十五　马庄 I M3服饰品出土位置

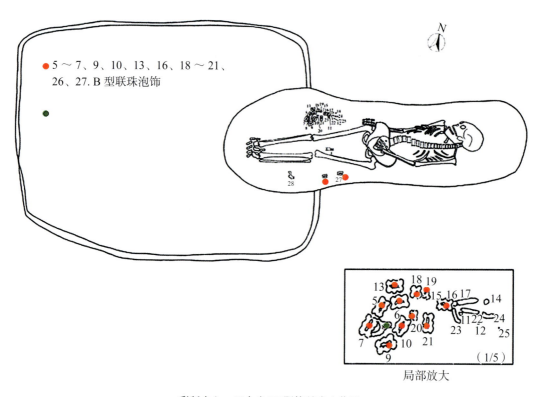

局部放大

彩版十六　王大户 M7服饰品出土位置

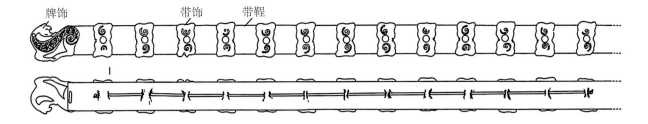

牌饰　　　带饰　　带鞓

0 ━━━━━ 100 厘米

彩版十七　王大户 M1 出土腰带复原图

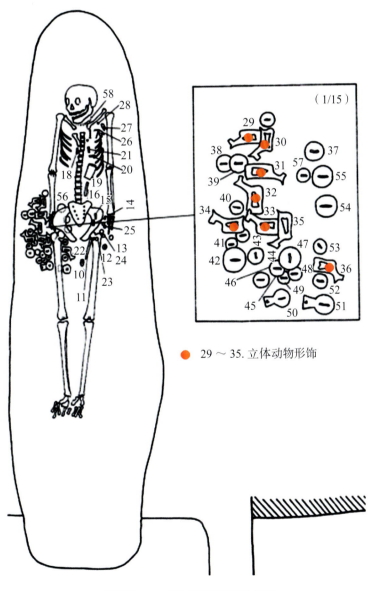

（1/15）

● 29～35. 立体动物形饰

彩版十八　中庄 M1 车马器出土位置

短剑2.于家庄　　　　　　　短剑11.彭阳县沟口乡　　　　　短剑41.大塆乡绿塬村

短剑37.杨朗乡马庄　　　　　短剑23.彭阳县刘塬村　　　　　短剑47.杨朗乡马庄

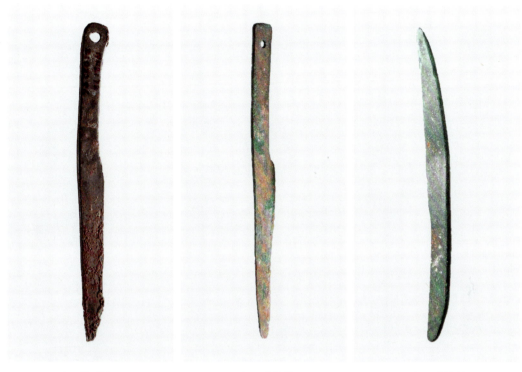

刀7. 倪丁村 M2   刀11. 米沟村   刀21. 米沟村

刀36. 米沟村   针管16. 于家庄

鹤嘴斧1.固原县西郊乡西关村　　　　鹤嘴斧2.固原县彭堡撒门村　　　　鹤嘴斧25.古城乡

镦王大户M1：19　　　　　　铜斧1.固原县中河乡　　　　　　铜锛1.孟塬乡

矛4.阳洼村

矛7.杨郎乡马庄

矛26.固原县

镞13.撒门村

镞17.撒门村

马面饰20.杨朗乡马庄

马面饰21.吕坪村

马面饰31. 杨朗乡马庄

铃.5. 彭阳米沟160

马衔12. 马庄

马衔20. 马庄

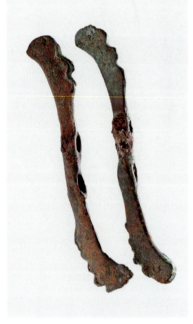

马衔24–25. 王大户 M1

节约6.彭阳米沟

节约8、撒门村

单柄圆牌饰6.吕坪村

单柄圆牌饰9.杨郎乡马庄

单柄圆牌饰19.彭阳县古城乡

车辕饰13.陈阳川村

车辕饰 15. 杨郎乡马庄

竿头饰 22. 杨郎乡马庄

竿头饰 28. 王大户 M1

竿头饰 34. 杨郎乡马庄

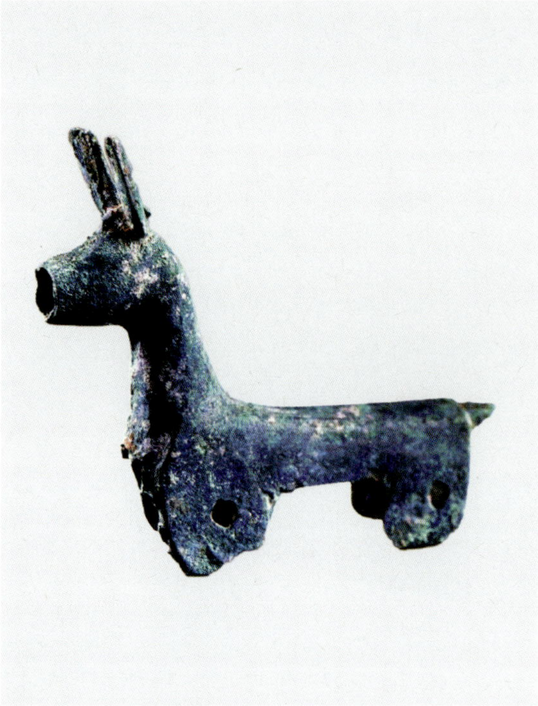

立体动物形饰 9. 王大户 M7

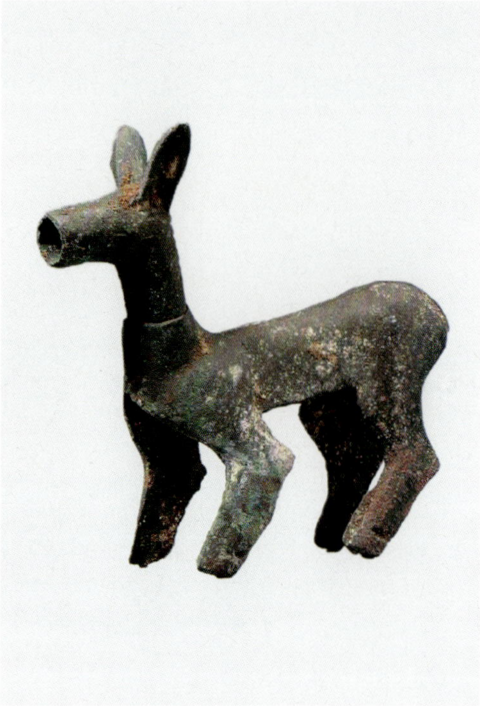

立体动物形饰 10. 杨郎乡马庄

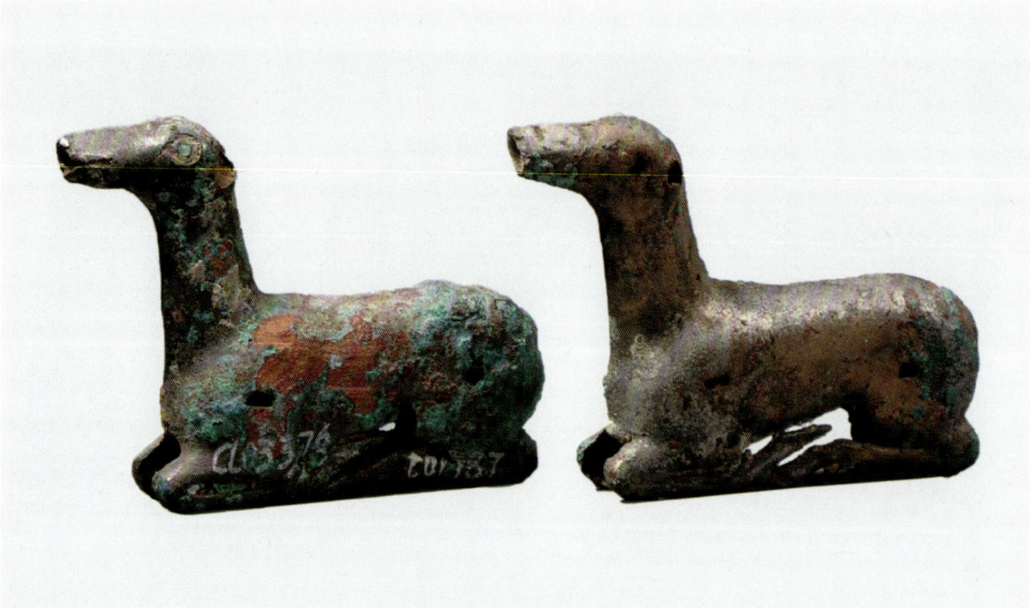

动物形饰 16–17. 杨郎乡马庄

动物形饰2. 杨郎乡马庄

动物形饰3. 杨郎乡马庄

车饰 12. 吕坪村　　　　　车饰 13. 于家庄 M3　　　　　车軎 17. 马庄 IM11

耳环 12–13. 王大户 M4　耳环 19. 杨郎乡侯磨村　　　　耳环 21–22. 杨郎乡马庄

泡饰20. 撒门村 M2   泡饰18. 王大户 M4

泡饰75. 头营乡坪乐村   泡饰62. 于家庄

泡饰65.于家庄SM5

泡饰69.于家庄M12

带扣7.杨郎乡马庄

带扣11.杨郎乡马庄

带扣24.杨郎乡马庄IM1

带扣28.杨郎乡马庄IIIM1

联珠泡饰1.于家庄M5

联珠泡饰4.撒门村

联珠泡饰11.固原县北十里三队

联珠泡饰 12. 于家庄 M9

S形牌饰 15. 杨郎乡马庄 IM2

S形牌饰 17. 杨郎乡马庄

S形牌饰 24. 于家庄   S形牌饰 46. 于家庄

动物纹牌饰 1. 张街村

动物纹牌饰2.彭阳县姚河村

动物纹牌饰12.张街村

动物纹牌饰 14. 西吉县陈阳川

动物纹牌饰 16. 西吉县陈阳川村

动物纹牌饰24. 王大户 M5　　　　　　　　动物纹牌饰31. 杨郎乡大北山

动物纹牌饰33. 陈阳川村　　　　　　　　动物纹牌饰34. 陈阳川村

环9. 王大户 M7　　　　　　环15. 陈阳川村　　　　　　环16. 陈阳川村

管状饰3. 彭阳米沟171　　　　　　铃形饰9. 于家庄SM3